Entspannt in fünf Minuten

Jutta Ehret, Jahrgang 1962, studierte Sport an der Pädago-
gischen Hochschule in Freiburg. Sie ist als Fitnesstrainerin,
Übungsleiterin im Gesundheitsbereich und im Reha-Sport, Atem-
begleiterin und Gedächtnistrainerin tätig. In ihrer Arbeit haben
Körpererfahrung und Entspannung einen hohen Stellenwert.

Jutta Ehret

Entspannt in fünf Minuten

Fantasiereisen für Sport, Wellness und Therapie

Herausgegeben
von Bernd Brümmer

Impressum

© 2020 Bernd Brümmer, Jutta Ehret
Alle Rechte vorbehalten

Cover: Nadja Wohlfart, freepik.de

Foto Autorin: Markus Ehret

Herstellung und Verlag:
BoD – Books on Demand, Norderstedt

ISBN 9783750487529

Inhalt

5. Schaukeln und wiegen

6. Wohlfühlorte

7. Anfang und Ende

Hinweise zum sinnvollen Einsatz

*„Es gibt Wichtigeres im Leben, als beständig dessen
Geschwindigkeit zu erhöhen."*
Mahatma Gandhi (1869 – 1948)

Die Aussage von Mahatma Gandhi, die bereits im letzten Jahrhundert ihre Gültigkeit hatte, gilt heutzutage umso mehr. In unserem hektischen Alltag wird es für jeden Einzelnen immer schwieriger, innezuhalten und zur Ruhe zu kommen.

Als Übungsleiterin im Sport- und Gesundheitsbereich erlebe ich häufig, wie meine Teilnehmerinnen und Teilnehmer gestresst und verspannt im Übungsraum ankommen. Um sie aus dieser Anspannung herauszuführen, ist ein klarer Aufbau der Stunde und die abschließende Entspannungsphase sehr hilfreich. Die Fantasiereisen dieses Buches werden Ihnen bei der Gestaltung und der Durchführung Ihrer Entspannungsphasen eine große Hilfe sein.

Die Fantasiereisen können in Sport, Wellness und Therapie eingesetzt werden und eignen sich für Erwachsene und Jugendliche gleichermaßen.

Die Geschichten nehmen jeweils etwa fünf Minuten in Anspruch. Achten Sie beim Vorlesen auf einen ruhigen und freundlichen Tonfall. Planen Sie auch immer wieder kurze Erzählpausen ein, damit sich die vorgeschlagenen Bilder und Gedanken bei Ihren Teilnehmern entwickeln können. Die Textabsätze bieten Ihnen hierbei eine Orientierung.

Bedenken Sie, dass sich Ihre eigene Stimmung sehr leicht auf Ihre Teilnehmer übertragen kann. Bereits durch Ihre Stimmlage oder Modulation beim Vorlesen können Sie die Entspannungsfähigkeit der Gruppe beeinflussen. Aus diesem Grund sollten Sie den Text sorgfältig auswählen. Berücksichtigen Sie auch die Erfahrungen, die Sie schon mit Ihrer Gruppe gesammelt haben. Wissen Sie beispielsweise, dass ein Teilnehmer Höhenangst hat, sollten Sie bei der Auswahl Ihrer Fantasiereise darauf Rücksicht nehmen.

Wenn sich Ihre Teilnehmer wohlfühlen, werden sie sich schnell und leicht mit Ihnen auf die Entspannungsübung einlassen können. Hierbei spielt auch die Temperatur eine Rolle. Falls der Raum nicht angemessen beheizt werden kann, geben Sie den Teilnehmern vorab die Möglichkeit, sich etwas Wärmendes überzuziehen. Ein Gefühl der Kälte kann den Entspannungsprozess empfindlich stören. Um auch optisch eine ansprechende Atmosphäre zu schaffen, dämpfen Sie das Deckenlicht oder wählen Sie eine indirekte Beleuchtung. Zudem können Sie den Hinweis geben, die Augen zu schließen. Möchten Sie eine Musik zur Untermalung, wählen Sie eine ruhige Entspannungsmusik aus. Aber auch ganz ohne Klangteppich entfalten die Fantasiereisen ihre Wirkung.

Jede Fantasiereise folgt einem klaren Aufbau: Zu Beginn holt der Text die Teilnehmer in der Gegenwart ab und führt sie an den eigentlichen Inhalt der Übung heran. Gegen Ende begleitet er sie wieder aus der Vorstellungswelt zurück in unsere Wirklichkeit. Zur besseren Orientierung sind die Einleitungs- und Schlussphasen kursiv gedruckt.

Im Kapitel „Anfang und Ende" finden Sie weitere Vorschläge dazu. Ich halte es für sehr wichtig, den Teilnehmern in der Rückführungsphase genügend Zeit zu lassen, um sich wieder zu aktivieren. Achten Sie dabei auch darauf, dass die Teilnehmer nicht sofort aus der Liegeposition aufstehen (mögliche Schwindelgefühle), sondern erst eine Weile sitzen und sich dann langsam erheben.

Um ein leichtes und flüssiges Vorlesen zu gewährleisten, habe ich in den Texten auf Geschlechterzuordnungen verzichtet.

Nun wünsche ich Ihnen viel Spaß mit dem vorliegenden Buch und gute Erholung!

Jutta Ehret

1.

Den eigenen Körper spüren

Wir machen eine Reise durch unseren Körper

Wir setzen uns bequem auf einen Stuhl oder legen uns hin. Wer möchte, schließt die Augen. Nun beginnen wir, unseren Körper auf der Unterlage zu erspüren. Haben Arme, Beine, Rumpf und Kopf eine angenehme Position gefunden? Dann wenden wir uns unserer Atmung zu.

Wir lenken die Aufmerksamkeit ganz auf das Ein- und Ausatmen und wie unser Körper darauf reagiert. Für zwei bis drei Atemzüge bleiben wir bei dieser Beobachtung. Womöglich wird unsere Atmung dadurch ruhiger und tiefer. Deutlich spüren wir die Bewegung der Atemmuskulatur am Brustkorb und im Bauchraum.

Danach fangen wir an, unseren Rücken wahrzunehmen. Wie fühlen sich Nacken und Schultern an? Können die Schultern bei der Ausatmung entspannt nach unten sinken? Wir wandern weiter zur Brustwirbelsäule. Wie fühlt sie sich an? Wo spüren wir hier die Atembewegungen? Wenn wir weiterwandern, nehmen wir unsere Lendenwirbelsäule wahr. Fühlen wir Anspannung oder sind Muskeln und Gewebe locker, nachgiebig?

Wir begeben uns gedanklich durch das Becken hindurch zu den Beinen. Sind die hinteren Oberschenkel angenehm entspannt? Können wir unsere Kniegelenke lokalisieren? In den Unterschenkeln erforschen wir unsere Waden. Sind sie locker oder fest? Durch die Sprunggelenke hindurch setzen wir unsere Reise fort und spüren in unsere Füße hinein bis in die Zehen.

Nun geht es über die Schienbeine und vorderen Oberschenkel hinauf zum Rumpf. Spüren wir unsere Atmung in Bauch und Brustkorb? Hat sich an ihrem Rhythmus etwas verändert? Danach wandern wir weiter durch die Schultergelenke zu den Armen. Sind die Oberarme locker, wie fühlen sich die Ellenbogengelenke und Unterarme an? Wir passieren die Handgelenke und erspüren die Hände bis in die Fingerspitzen hinein.

Wie fühlen sich die Muskeln in unserem Gesicht an? Ist der Kiefer entspannt? Sind die Zahnreihen gelöst voneinander? Die Muskeln um Mund, Nase und Wangen sollten sich weich und geschmeidig anfühlen. Auch die Muskeln rund um die Augen und an der Stirn dürfen sich entspannen.

Wenn wir jetzt unseren Körper als Ganzes wahrnehmen, sollte er sich angenehm entspannt anfühlen. Diese Lockerheit bleibt, auch wenn wir jetzt unsere Übung beenden. Um uns zu aktivieren, atmen wir zwei bis dreimal kräftig ein und aus, bewegen Arme und Beine, strecken unseren Rücken und öffnen die Augen. Voller Freude sehen wir jetzt dem Rest des Tages entgegen.

Wir spüren unseren Atem

Wir wenden uns jetzt für ein paar Minuten unserer Atmung zu. Hierfür setzen wir uns bequem und entspannt auf einen Stuhl oder legen uns auf eine bequeme Unterlage. An welchen Stellen können wir nun unseren Körper fühlen? Spüren wir den Kontakt mit der Sitz- oder Liegefläche? Wie groß ist der Druck von unseren Muskeln auf die Unterlage? Fühlen wir uns sicher gehalten? Ist unser Geist bereit für Entspannung?

Nachdem wir bewusst unseren Körper und Geist wahrgenommen haben, lenken wir nun die Aufmerksamkeit auf den Atemvorgang. Wir beobachten, wie die Luft ganz selbstverständlich in unseren Körper hinein- und wieder herausströmt.

Wir nehmen die einzelnen Schritte konkret wahr: Durch die Nase strömt die noch kühle Luft in unsere Luftröhre. Von dort wird sie in unsere Bronchien und Lungenflügel weitergeleitet. Nach einer kurzen Pause fließt die jetzt erwärmte Luft wieder aus unserem Körper heraus. Auch nach der Ausatmung entsteht eine kurze Atemunterbrechung bevor der Ein- und Ausatemzyklus von neuem beginnt.

Wir fühlen, wie sich der Brustkorb dehnt und wieder entspannt. Spüren wir die Atmung auch im Bauchbereich? Mit der Einatmung wird unser Zwerchfell in Richtung Bauchraum geweitet. So hebt sich die Bauchdecke leicht an. In der Ausatemphase senkt sich unsere Bauchdecke, da auch die Dehnung des Zwerchfells wieder nachlässt.

Möglicherweise spüren wir diesen Vorgang bis hinunter in unseren Beckenbereich.

Unser Atem strömt ruhig und gleichmäßig. Beobachten wir nun einmal die einzelnen Atemphasen: Sind diese gleich lang oder dauert eine Phase länger? In den meisten Fällen verlängert sich das Ausatmen, wenn der Körper anfängt, zur Ruhe zu kommen.

Ausatmung bedeutet loslassen. Unser Geist lässt Gedanken ziehen, unser Körper entspannt seine Muskulatur. Manchmal spüren wir dabei eine angenehme Wärme, die sich in unserem Körper ausbreitet.

Wir kommen jetzt zum Ende unserer Atembeobachtung. Zuerst lenken wir unsere Aufmerksamkeit auf unseren Körper und nehmen wahr, wie er sich auf unserer Unterlage anfühlt. Um uns wieder zu aktivieren, atmen wir zwei bis drei Mal kräftig ein und aus. Im Anschluss daran fangen wir an, unsere Arme und Beine zu bewegen und unseren Körper zu strecken. Mit dem nächsten Atemzug verankern wir unsere Gedanken wieder erfrischt im Hier und Jetzt.

Wir fühlen inneren Frieden

Wir suchen uns eine bequeme Position im Sitzen oder Liegen. Haben Arme, Beine, Kopf und Rumpf einen angenehmen Platz gefunden? Dann können wir allmählich unsere Muskeln entspannen.

Wer möchte, schließt jetzt die Augen und nimmt wahr, wie lebendig sein Körper ist. Bei jedem Atemzug ist er in Bewegung.

Beim Einatmen heben sich die Schultern leicht an und der Brustkorb weitet sich. Beim Ausatmen senken sich Brustkorb und Schultern wieder ab. Auch unsere Bauchdecke ist in Bewegung. Mit der Einatmung wird sie sanft angehoben, beim Ausatmen sinkt sie wieder zurück.

Ruhig und gleichmäßig strömt die Luft in unseren Körper ein und aus. Nach jeder Ausatmung entsteht eine kurze Atempause, die sich allmählich ausdehnt. Unser Körper entspannt sich mehr und mehr.

Wir lassen unseren Gedanken freien Lauf und erinnern uns an eine Situation, in der wir richtig glücklich waren. Es kann erst neulich gewesen sein oder schon weiter zurückliegen.

Wie fühlt es sich an, glücklich zu sein? In welchem Bereich unseres Körpers spüren wir dieses Gefühl? Ist es warm oder kühl? Können wir diesem Gefühl eine Form geben? Nachdem wir uns diesem Glücksempfinden gedanklich genähert haben, lassen wir jetzt diese Empfindung wachsen. Sie dehnt sich allmählich in unserem ganzen Körper aus und erfüllt jede Zelle.

Fällt uns auf die Schnelle kein besonderer Glücksmoment ein, so stellen wir uns vor, wie die glücklichen Empfindungen von außen über unsere Haut in den Körper wandern. Wir baden sozusagen in guten Gefühlen. Auch hier wird unser ganzer Körper erfüllt.

Dieses momentane Glücksgefühl wandelt sich langsam um in ein Gefühl beständigen inneren Friedens. Dieser Frieden erwärmt Körper und Seele. Wir beginnen, von innen heraus zu leuchten. Die Strahlkraft ist so groß, dass unser Körper völlig eingehüllt wird. Diese Aura schützt und nährt uns. Wir fühlen, welche Kraft von ihr ausgeht.

Auf diese Weise gestärkt, kehren wir jetzt in den Alltag zurück. Wir spüren unseren Körper und beginnen mit der Aktivierung. Zuerst bewegen wir Hände und Füße, dann beugen und strecken wir Arme und Beine. Zuletzt aktivieren wir unsere Rumpfmuskulatur und kehren erfrischt zurück in den Tag.

Wir erleben liebevolle Verbundenheit

Es ist Zeit für ein kurzes Innehalten in unserem aktiven Leben. Wir überlegen, in welcher Position wir entspannen möchten. Haben wir eine Position gefunden, in der wir uns gut fühlen, schließen wir die Augen und wenden unsere Aufmerksamkeit nach innen.

In unserer Fantasie erschaffen wir ein schönes gemütliches Zimmer. Die Farben, die in dem Raum vorherrschen, strahlen Ruhe und Beständigkeit aus. Unser Geist entspannt sich. An einer Wand steht ein großes gemütliches Sofa, auf dem zwei Menschen bequem Platz finden.

Wir möchten heute die besondere Nähe zu einem anderen Menschen spüren. Dazu können wir uns diejenige Person vorstellen, die uns bei den Gedanken an Liebe und Geborgenheit spontan einfällt. Es kann eine Person aus unserem realen Leben sein oder eine Fantasiegestalt, der wir uns verbunden fühlen.

Wir schauen zum Sofa. Dort sitzt unsere Wunschperson und wartet schon auf uns. Sanfte Musik erfüllt den Raum. Unser Lieblingsmensch stellt die Beine so, dass wir uns mit unserem Rücken an seinem Bauch anlehnen können. Wir schauen beide in die gleiche Richtung. Nach einer Weile spüren wir die Körperwärme des Anderen und werden zunehmend ruhiger.

Da breitet unser Lieblingsmensch seine Arme aus und umfängt uns liebevoll damit. So eng aneinander gekuschelt finden wir schnell zu einem gemeinsamen Atemrhythmus.

In tiefer Verbundenheit lassen wir nun unsere Atmung fließen. Wir spüren den Luftstrom in unseren Körper ein- und ausströmen. Nach einer kurzen Atempause beginnt dieser Zyklus von vorn. Jeder Atemzug lässt uns die besondere Verbindung wahrnehmen.

Völlig losgelöst von der Zeit genießen wir unser Beisammensein. Es scheint fast so, als ob unsere Körper miteinander verschmelzen und auch unser Denken wird eins. Wir fühlen uns geborgen und geliebt. Dieser Zustand fühlt sich an, als ob wir schweben. Nichts ist wichtig außer dem Augenblick. Scheinbar endlos dehnt sich dieser aus.

Aufgeladen mit liebevollen Gefühlen, können wir jetzt langsam wieder zurückkehren in unseren Alltag. Wir bedanken uns für diese angenehm verbrachte Zeit und landen allmählich in der Gegenwart. Ganz bewusst spüren wir in unseren Körper hinein und aktivieren ihn. Dazu bewegen wir Arme und Beine und strecken uns ausgiebig. Voller Neugier blicken wir dem restlichen Tag entgegen.

Wir werden zum Springbrunnen für die Freude

Es ist Zeit für eine Entspannungsübung. Wir machen es uns auf unserer Unterlage so gemütlich wie möglich. Durch sanftes, bewusstes Ein- und Ausatmen gleiten wir ganz locker in die Entspannung hinein.

Wir stellen uns jetzt vor, in einem schönen Park zu stehen. Überall strahlt das Grün der Natur. Es ist angenehm warm und wir haben von unserem Standplatz aus eine gute Übersicht über die Anlage.

Unser Platz gefällt uns so gut, dass wir uns langsam mit dem Untergrund verbinden. Unsere Füße verankern sich im Boden und unsere Verwandlung in einen menschlichen Brunnen beginnt. Wir spüren bereits, dass etwas durch uns hindurchströmen möchte. Unsere Fußsohlen kribbeln leicht.

Während wir uns gedanklich öffnen, merken wir, wie die reine Lebensfreude durch uns hindurchfließen will. Sie steigt langsam in unserem Körper nach oben. Zuerst spüren wir sie in unseren Füßen. Auch die Zehen werden durchflutet. Dann sprudelt die Freude durch unsere Unterschenkel, die Kniegelenke und anschließend durch die Oberschenkel hindurch bis in unser Becken. Überall, wo die Freude schon durchgeflossen ist, spüren wir Wärme und Lebendigkeit.

Nachdem die Lebensfreude durch unseren Bauch geströmt ist, erfüllt sie unseren Herzraum, so dass uns ganz leicht zumute wird. Wir spüren die Lebendigkeit auch in unseren Schultern, Armen und Händen. Und selbst die Finger fühlen sich gut durchblutet an.

Die Lebensenergie steigt weiter durch unseren Hals bis sie auch unseren Kopf erreicht. Wir fühlen uns leicht und lebendig. Die überschüssige Energie, die wir nicht für uns selbst brauchen, lassen wir – wie bei einem Brunnen – nach außen strömen. Quicklebendig und funkelnd strömt sie an uns herab und verteilt sich im Park. Wir genießen diese Fülle und Freude.

Langsam versiegt der Energiestrom aus der Erde und unsere Rückverwandlung beginnt. Spüren wir jetzt in uns hinein, dann fühlen wir Freude, Kraft und Energie. Diese Lebendigkeit nehmen wir mit in unseren Tag. Wir aktivieren uns durch bewusstes Atmen und bewegen unsere Arme und Beine, um auch unseren Körper wieder in der Gegenwart zu verankern.

2.

Stiller Beobachter sein

Eine Tulpenbetrachtung

Wir suchen uns eine bequeme Lage und spüren nach, wo unser Körper mit der Unterlage verbunden ist. Wo berühren Füße, Beine, Rücken und Kopf den Boden oder die Wand? Sind wir bereits auf dem Weg der Entspannung oder fühlen sich die Muskeln noch sehr fest an?

Wir wenden uns unserer Atmung zu. Behutsam lassen wir den Atem fließen. Frische Luft füllt unsere Lungen, verbrauchte Luft geben wir wieder ab.

In unseren Gedanken entsteht jetzt ein sonniger, angenehm warmer Frühlingstag. Wir befinden uns am Rand eines großen Tulpenfeldes. Um uns herum leuchtet es in allen erdenklichen Farben – von rot und gelb bis zu weiß und violett. Der Duft der Tulpen hüllt uns ein.

Wir suchen uns eine besonders schöne Tulpe aus und betrachten sie näher. In welcher Farbe leuchtet die Blüte, in welchem Grün schimmern die Blätter?

Um die Tulpe besser sehen zu können, setzen wir uns ganz in ihrer Nähe auf den Boden, der von der Sonne bereits erwärmt ist. Wir erkennen, dass die Tulpe insgesamt sechs Blütenblätter hat, drei stehen in einem inneren Kreis, drei sind in einem äußeren Kreis angeordnet.

Wir betrachten die feine Maserung der Blütenblätter und deren Farbschattierungen. Stolz reckt sich die Blume der Sonne entgegen. Ihr Blütenkelch ist leicht geöffnet.

Auch wir werden von der Sonne angestrahlt. Sie wärmt unseren Körper, was eine herrlich entspannende Wirkung auf uns hat. Nicht nur die Muskeln lockern sich, sondern auch unser Geist kommt immer mehr zur Ruhe.

Die Luft ist erfüllt von dem Summen der Bienen und Hummeln. Gerade fliegt eine besonders große Hummel zu unserer Tulpe und verschwindet in ihrem Inneren. Wir hören nur ihr geschäftiges Brummen. Nach kurzer Zeit kommt sie wieder zum Vorschein – dick bestäubt mit Blütenpollen. Schwerfällig fliegt sie davon.

Unser Ausflug zum Tulpenfeld geht langsam zu Ende. Wir lassen den Blick noch einmal über die vielen Tulpen gleiten und kehren dann mit unseren Gedanken wieder zurück in die Gegenwart. Wir bewegen Hände und Füße, beugen und strecken Arme und Beine, atmen kräftig durch. Jetzt strecken wir unseren Körper und mit dem Öffnen der Augen sind wir endgültig zurückgekehrt.

Ein Meer aus Apfelblüten

Wir schließen die Augen, atmen tief ein und aus und begeben uns auf einen Frühlingsspaziergang.

Unser Weg führt uns aus der Stadt heraus, weg von Straßen und Menschen. Allmählich färbt sich die Umgebung grün, wir hören Vögel zwitschern und freuen uns über schönes, sonniges Frühlingswetter.

Wir spazieren zu einer großen Streuobstwiese. Das Gras ist bereits gewachsen und leuchtet in einem frischen, saftigen Grün. Bei genauerem Hinsehen erkennen wir, dass es sich bei den Bäumen um Apfelbäume handelt, die gerade erblüht sind. Kräftiges Weiß und zartes Rosé leuchten um die Wette. Ein angenehmer Duft hüllt uns ein.

Die einzelnen Blüten sind von graziler Schönheit und wir können uns nicht satt sehen an ihnen. Da die Wiese leicht ansteigt, suchen wir uns auf der Höhe einen bequemen Platz, um einen guten Überblick zu haben.

Wir lassen den Anblick der Wiese auf uns wirken. Die Zeit scheint zum Stillstand zu kommen. Diese üppige Blütenpracht berührt unser Herz und wir spüren Ruhe und Frieden in uns aufsteigen.

Die Wärme der Sonne lockert unsere verspannten Muskeln an Nacken und Rücken.

Jetzt kommen uns auch die Geräusche der Natur besser zu Bewusstsein. Wir hören das unterschiedliche Zwitschern der Vögel. Wir hören das Summen von Insekten, die eifrig nach Nahrung suchen.

Wir beobachten die Bienen und Hummeln. Manchmal fliegt ein Schmetterling an uns vorbei.

Langsam verwandelt sich unsere innere Ruhe in eine ganz ursprüngliche Lebensfreude über die Schönheit der Natur. Wir spüren sogar die Vitalität und Kraft, die von den Baumstämmen in die einzelnen Blüten fließt.

Auch wir haben teil an diesem Kraftfeld und füllen unsere Energiespeicher auf. Aus der Erde kommend strömt die Lebensenergie durch uns hindurch und umgibt uns mit der Zeit mit einem schützenden Mantel. Wir fühlen uns wohl und geborgen.

Nachdem wir uns genügend gestärkt haben, treten wir unseren Rückweg an und kehren in die Stadt zurück. Um endgültig wieder in der Gegenwart anzukommen, atmen wir ein Mal kräftig ein und aus und lenken unsere Aufmerksamkeit auf unsere Arme und Beine. Wir beugen und strecken sie, dehnen unseren Rücken und richten uns langsam auf. Mit diesen schönen Erinnerungen starten wir nun gestärkt in den Rest des Tages.

Ein Löwenzahnsamen auf der Reise

Wir nehmen eine bequeme Haltung ein und schließen beide Augen. Unser Atem fließt ruhig und regelmäßig. Mit der Zeit nehmen wir das sanfte Heben und Senken unseres Brustkorbs wahr. Auch unsere Bauchdecke hebt und senkt sich in gleichmäßigem Takt.

Wir stellen uns vor, dass wir uns auf einer Wiese befinden. Wir liegen im Gras, über das sanft der Wind hinweg streicht. Die Sonne scheint und erwärmt unseren Körper. Ruhig und entspannt genießen wir unsere Zeit und lassen unseren Gedanken freien Lauf.

Unser Blick wandert über die Wiese und wir erkennen verschiedene Wildblumen und Kräuter. Ein besonders kraftvoller Löwenzahn weckt unser Interesse. Inmitten kräftig grüner Blätter streckt eine Pusteblume stolz ihren Kopf in Richtung Sonne, umringt von kleinen, gelben Blüten.

Dieser Anblick löst Freude in uns aus, weil er die Schönheit der Natur vermittelt und große Erdverbundenheit ausstrahlt. Die Vitalität der Pflanze wird deutlich spürbar. Durch die bewusste Konzentration auf die Blume scheint die Zeit langsamer zu verstreichen und die Ruhe dieses Moments überträgt sich auf uns. Wir spüren, wie sich unsere Arm- und Beinmuskeln lockern. Unser Atem geht ruhig und regelmäßig. Eine angenehme Wärme durchströmt unseren Körper.

Da löst sich ein Same aus der Pusteblume heraus und wird vom Wind sanft nach oben gehoben. Gegen den blauen Himmel ist er gut zu erkennen. Wir verfolgen seinen Flug. Federleicht wird er durch die Luft getragen und strahlt dabei Eleganz und Unbeschwertheit aus. Der kleine Same reagiert auf jeden Lufthauch. Manchmal nähert er sich einem Grashalm oder einer Blüte, um im nächsten Augenblick wieder emporgehoben zu werden.

Auch wir spüren, wie der Wind sanft über unseren Körper streicht. Besonders im Gesicht nehmen wir das Spiel der Luft war. Zart streicht sie über Stirn, Nase und Wangen. Es fühlt sich an, als ob wir mit dem Samen der Pusteblume gemeinsam durch die Luft tanzen.

Der Wind lässt nach und der Same sinkt gemächlich zu Boden. Erfüllt von dieser federleichten Beobachtung sammeln wir unsere Gedanken und kehren langsam wieder zurück in die Wirklichkeit. Um uns wieder zu aktivieren, bewegen wir Hände und Füße, beugen und strecken Arme und Beine und dehnen unseren Rücken. Wir öffnen die Augen und spüren unseren Empfindungen einen Moment nach. Mit einem kräftigen Atemzug sind wir erfrischt und munter wieder da.

Eine Elefantenparade

Endlich ist es wieder soweit. Wir unterbrechen unseren Alltag und nehmen uns Zeit, ein bisschen vor uns hinzuträumen. Dazu machen wir es uns auf der Unterlage bequem, betten unseren Kopf so, dass Hals und Nackenmuskeln entspannt liegen können. Auch die Muskulatur im Gesicht, im Schulterbereich sowie an den Armen, am Rücken und an den Beinen darf sich lockern.

In Gedanken machen wir einen Spaziergang. Er führt uns durch eine hübsche Kleinstadt mit vielen Bäumen und Blumenbeeten. Aus der Ferne hören wir Geräusche, die sich wie Musik und Trompetenklänge anhören. Neugierig gehen wir den Klängen entgegen. Als wir um die nächste Häuserecke biegen, treffen wir auf eine Zirkusparade. Viele Artisten sind schon vorbeigezogen, jetzt folgen noch zwei Elefanten, die wunderschön geschmückt sind.

Genau vor uns bleibt der Elefantenführer stehen und lädt uns zu einem Ritt ein. Anmutig beugt einer der Elefanten seine Vorderbeine und wir klettern auf den komfortablen Sitz, der auf seinem Rücken befestigt ist. An einem Griff können wir uns halten.

Der Elefant erhebt sich und setzt seinen Weg in der Parade fort. Nach einer kurzen Eingewöhnungszeit finden wir Gefallen an diesem Abenteuer. Hoch oben haben wir einen guten Überblick über den Zug und die Zuschauer am Straßenrand. Alle freuen sich mit uns und winken uns zu. Das sanfte Schaukeln erinnert uns an ein Boot. Der Geruch, der die Luft erfüllt, lässt uns an frühere Zirkusbesuche denken.

In der Ferne kommt das bunt gestreifte Zirkuszelt in Sicht. Unser Zug bewegt sich gemächlich darauf zu. Wir merken, wie angenehm es ist, so durch die Gegend zu reiten, und wie viel Spaß es macht.

Nun sind wir vor dem Zelt angekommen und steigen wieder ab. Wir werden eingeladen, die Zirkusvorstellung als Ehrengast mitzuverfolgen. Bis die Vorstellung beginnt, haben wir noch ein bisschen Zeit und können uns auf dem Zirkusgelände in aller Ruhe umsehen.

Unser Körper ist entspannt und auch unsere Gedanken sind ruhiger geworden. Wir genießen diese ganz besondere Atmosphäre.

Bevor die Vorstellung beginnt, möchten wir wieder in die Gegenwart zurückkehren. Wir spüren unseren Körper, wie er angenehm entspannt auf der Unterlage liegt. Um uns zu aktivieren, bewegen wir Arme und Beine, strecken unseren Rücken und atmen kräftig durch. Dann sind wir wieder zurück.

Ein Kerzenlicht

Um Körper und Geist zu entspannen, suchen wir uns eine bequeme Haltung auf einem Stuhl oder einer Unterlage. Wer möchte, schließt seine Augen und spürt nach, wo der Körper Kontakt mit seiner Umgebung hat. Wie fühlt sich der Kopf- und Nackenbereich an? An welchen Stellen berühren Schultern, Rücken, Po und Beine die Unterlage?

Wir lenken nun unsere Aufmerksamkeit auf die Atmung. Wir nehmen wahr, wie die Luft beim Einatmen durch unsere Nase streicht, wie sich Brustkorb und Bauchdecke heben. Beim Ausatmen strömt die Luft wie von selbst aus unserem Körper heraus. Mit jeder Ausatmung geben wir Spannungen, die in unserem Körper sind, an die Umgebung ab.

Beobachten wir unsere Atmung weiterhin, spüren wir, wie sich die Atemzüge allmählich verändern. Ruhig und regelmäßig strömt die Luft in uns ein und aus. Mit jedem Atemzug wächst unsere innere Ruhe. Unsere Muskeln werden lockerer. Die Arme und Beine fühlen sich schwerer an.

Wir stellen uns nun einen Raum vor, wo wir uns rundum wohlfühlen. Dort suchen wir uns einen Platz, an dem wir verweilen möchten.

Bequem sitzend und von Kissen gestützt sehen wir uns um. In der Mitte des Raumes steht eine schöne Kerze auf einem niedrigen Tisch. Wir betrachten sie genauer. Welche Farbe und Oberflächenstruktur hat die Kerze? Steht sie auf einer Unterlage?

Ganz in der Nähe liegen Streichhölzer und wir zünden den Docht der Kerze an. Das Raumlicht schalten wir mit Hilfe unserer Gedanken aus, sodass die Kerzenflamme den Raum mit ihrem sanften Schein erfüllt.

Wir konzentrieren uns ganz auf die Flamme und spüren die Wärme, die von ihr ausgeht. Wärme und Licht nehmen wir in unseren Körper auf. Langsam breitet sich diese Energie immer weiter aus, bis sie schließlich sogar in unseren Zehenspitzen zu spüren ist.

Unser Körper fühlt sich warm und entspannt an und die Welt um uns herum kommt immer mehr zur Ruhe. Auch in uns breitet sich diese Gelassenheit weiter aus. Es fühlt sich so an, als ob die Zeit langsamer vergeht.

Um unsere Lichtmeditation zu beenden, wollen wir jetzt gemeinsam das Licht löschen. Dazu holen wir kräftig Luft und pusten die Kerzenflamme aus. Nun bewegen wir unsere Hände und Füße, beugen und strecken Arme und Beine und dehnen unseren Körper. Wir setzen uns auf und sind mit unseren Gedanken wieder ganz in der Wirklichkeit.

Eine Windmühle bei der Arbeit

Wir schließen die Augen und lenken die Aufmerksamkeit nach innen, indem wir uns ganz auf unsere Atmung konzentrieren. Wir beobachten, wie die Luft in uns hinein- und wieder aus uns herausströmt. Dabei nehmen wir die Bewegungen unseres Körpers wahr, angefangen vom Vibrieren der Nasenflügel bis hin zur Bauchdecke, die sich sanft hebt und senkt.

Vor unserem inneren Auge lassen wir einen Wanderweg entstehen, auf dem wir zügig unterwegs sind. Die Landschaft liegt weit und offen vor uns.

In einiger Entfernung sehen wir eine Windmühle, die bedächtig ihre Flügel bewegt. Wir gehen in diese Richtung. Als wir an einem weichen, bequemen Moospolster vorbeikommen, legen wir eine Rast ein. Erst jetzt merken wir, dass wir müde geworden sind vom vielen Laufen. Unsere Arme und Beine fühlen sich angenehm schwer und warm an.

Wir betrachten die Windmühle genauer. Welche Formen und Farben hat das Gebäude? Der sanfte Wind treibt die Flügel in einem ruhigen, gleichmäßigen Tempo an. Dieser Anblick gefällt uns und wir vergessen Zeit und Raum. Wir können sogar die gleichförmigen Mühlengeräusche hören, die der Wind zu uns herüber trägt.

Nicht nur unser Körper entspannt sich immer mehr, sondern auch unser Geist. Vielleicht legen die Gedanken sogar eine Pause ein.

Die Sonne lacht vom blauen Himmel herab und wärmt unseren Körper. Der sanfte Wind streichelt unsere Haut.

Während wir der Windmühle zusehen, spüren wir, wie die gleichmäßige Bewegung der Flügel uns immer mehr entspannt. Unser Körper wird ruhig und locker. Auch nehmen wir unseren Atem deutlicher und tiefer wahr. Wir spüren, wie die innere Gelassenheit mit jeder Umdrehung wächst.

Die Windmühle erinnert uns an den stetigen Strom der Zeit, der gleichmäßig dahinfließt. Die sich drehenden Flügel sind wie der immerwährende Wechsel von Tag und Nacht. Wir erleben uns eingebunden in diesen Strom der Zeit. Nichts anderes ist gerade von Bedeutung als das achtsame Erleben der Zeit. Wir fühlen uns von Minute zu Minute ruhiger und lockerer.

Wir haben nun genug Kraft gesammelt für unseren weiteren Weg und kehren in unseren Alltag zurück. Zuerst bewegen wir Hände, Füße, Arme und Beine und strecken ausgiebig unseren Körper. Danach öffnen wir die Augen und erheben uns langsam und erfrischt.

3.

Spaziergänge

Waldspaziergang im Frühling

Nachdem wir uns eine angenehme Lage gesucht haben, schließen wir die Augen und werden still. Wir beobachten unseren Atemfluss, und wie die Bauchdecke sich dabei hebt und senkt. Unsere Gedanken kommen und gehen. Wir lassen sie los und fühlen uns mit jedem Ausatmen unbeschwerter.

Vor unserem inneren Auge entsteht ein Wald, in den ein schmaler Weg hineinführt. Wir entscheiden uns für einen Spaziergang und betreten diesen Pfad. Unter unseren Füßen spüren wir den weichen Waldboden, der unsere Schritte abfedert. Noch hören wir die Geräusche aus unserem Alltag, wie zum Beispiel vorbeifahrende Autos oder Menschen, die sich unterhalten.

Nach der nächsten Wegbiegung stehen wir vor zwei riesigen Felsen, die den Weg rechts und links begrenzen. Die Felsen sehen auf den ersten Blick abgeschliffen aus. Bei näherer Betrachtung erkennen wir aber Mulden und Kanten. Von der Erde her schiebt sich frisches, hellgrünes Moos über die Steine. Es lässt die Konturen der Felsen weicher erscheinen.

Unser Weg geht zwischen diesen Felsen hindurch in eine andere Welt. Sobald wir die Engstelle passiert haben, merken wir, wie die Geräusche des Alltags leiser werden. Bald umgibt uns angenehme Ruhe. Wir hören nur noch die Waldgeräusche. Ab und zu knackt ein Zweig, Blätter bewegen sich sanft im Wind und vereinzelt hören wir Vogelstimmen.

Die Anspannung, die sich in unserem Körper angesammelt hat, fällt von uns ab und wir wandern gelöst weiter. Die Waldluft ist sehr klar und würzig und es ist ein Vergnügen, sie ein- und auszuatmen. Ein und aus – jeder Atemzug schenkt uns mehr innere Zufriedenheit und Klarheit.

Der Weg führt jetzt durch einen hellen, leuchtend grünen Frühlingswald. Unsere Schritte sind locker und federnd. Wenn wir uns umschauen, entdecken wir Schlüsselblumen und Veilchen. An manchen Stellen wächst Bärlauch, der bereits kurz vor der Blüte steht. Überall spüren wir die Lebensfreude des Frühlings. Dieses Glücksgefühl erfasst nach und nach unseren ganzen Körper. Wir fühlen uns jetzt leicht und beschwingt.

Unser Spaziergang nähert sich wieder dem Ausgangspunkt, dem Felsentor. Wir schreiten hindurch und nehmen allmählich die Alltagsgeräusche wieder wahr. Jeder Schritt bringt uns der Realität ein Stück näher. Wir bewegen Hände, Füße, Arme und Beine. Anschließend strecken wir unseren Körper, schlagen die Augen auf und sind erholt wieder in der Wirklichkeit angekommen.

Spaziergang am Strand

Es ist wieder einmal Zeit, unsere alltäglichen Aufgaben zu unterbrechen und uns eine kurze Pause zu gönnen. Deshalb suchen wir uns eine bequeme Haltung, schließen die Augen und nehmen bewusst unsere Atmung wahr. Wir spüren die Luft, die sanft in unseren Körper ein- und ausströmt. Unsere Gedanken wandern in Richtung Meer.

Das Wasser leuchtet in einem kräftigen Blaugrün. Die Wellen tragen leichte Schaumkronen, die sich am Strand auflösen. Es ist ein schöner warmer Tag, die Sonne lacht und wir genießen die Wärme auf unserer Haut. Wie angenehm ist es, hier zu spazieren. Wir spüren den warmen, weichen Sand, der unsere nackten Füße bei jedem Schritt sanft massiert.

Ruhig und entspannt schlendern wir weiter am Strand entlang und betrachten die Schätze des Meeres, die von den Wellen an Land gespült wurden. Wir erkennen verschiedene Muscheln, Seesterne und glatt geschliffene Hölzer und Steine. Wenn uns etwas besonders gut gefällt, heben wir es auf und nehmen es mit. Wir haben eine Tasche dabei, in der wir die Fundstücke verwahren.

Nach einer Weile lassen wir uns müde in den Sand fallen. Wir drücken die Schultern und den Rücken in ein gemütliches, warmes Sandbett und erholen uns von den vielen verschiedenen Eindrücken. Mit der Zeit entspannen sich unsere Muskeln und fühlen sich angenehm schwer an.

Wir hören den Wellen zu, die kraftvoll und gleichmäßig an den Strand rollen. Unser Atem orientiert sich am Rhythmus des Wassers und synchron dazu atmen wir ein und aus. Unser Atemstrom passt sich immer mehr der Melodie des Meeres an.

Das Wasser nimmt unsere Gedanken mit auf die Reise. So wie die Wellen an den Strand gespült werden und sich wieder zurückziehen, so kommen und gehen unsere Gedanken. Wir halten sie nicht fest, sondern lassen sie ziehen. Eine wunderbare Leichtigkeit erfüllt uns. Der unbeschwerte Augenblick ist alles, was im Moment zählt.

Gut erholt verspüren wir den Wunsch, wieder in unseren Alltag zurückzukehren. In Gedanken richten wir uns wieder auf, nehmen unsere Tasche mit den Meeresschätzen und gehen zurück. Wir nehmen Abschied vom Strand und lenken unsere Aufmerksamkeit hin zu den Geräuschen im Raum, in dem wir uns gerade befinden.

Wir öffnen die Augen und sehen uns um. Dann bewegen wir Hände und Füße, beugen und strecken Arme und Beine und dehnen unseren Körper, um wieder ganz aktiv im Hier und Jetzt zu sein.

Spaziergang in den Bergen

Wir legen uns auf eine Matte und kommen zur Ruhe. Wir spüren, wie sich unser Rücken auf der Unterlage entspannt und die Atmung tiefer und gleichmäßiger wird.

Unsere Fantasie führt uns in eine Landschaft mit sanft ansteigenden Hügeln und Bergen. Wir machen eine Wanderung auf einem Höhenrundweg. Der Weg ist breit und bequem, so dass wir uns beim Gehen ein wenig umschauen können. Unter uns sehen wir grüne, saftige Wiesen, die von einzelnen Baumgruppen und Felsbrocken unterbrochen werden. Über uns ziehen Schäfchenwolken am blauen Himmel. Leicht und zart schweben sie dahin. So wie die Wolken ziehen auch unsere Gedanken immer weiter.

Der Boden ist steinig und die Kiesel knirschen unter unseren Sohlen. Wir sind froh, festes Schuhwerk gewählt zu haben, und folgen leicht und beschwingt dem Weg. Wir bleiben stehen und hören zu, wie die Bäume rauschen, Vögel zwitschern und ein Waldbach plätschert. Die Luft ist frisch und klar. Die Umgebung strahlt Ruhe aus, die allmählich auf uns übergeht.

Innerlich ausgeglichen setzen wir unsere Wanderung fort. Der Alltag verliert seine Bedeutung für uns. Wir sind ganz im gegenwärtigen Augenblick und freuen uns an der schönen Natur. Wir bewegen uns ganz intuitiv, denn unser Körper weiß genau, was er zu tun hat.

Unsere Gedanken sind federleicht. Unser Atem geht ruhig und regelmäßig. Wir bemerken wieder, wie klar und sauber die Bergluft ist. Bewusst atmen wir ein und wieder aus. Wir füllen unsere Lungen mit der frischen, kühlen Bergluft. Dabei heben sich Brustkorb und Bauchdecke an. Das Ausatmen löst diese Spannung wieder. In stetem Wechsel atmen wir bewusst ein und aus, ein und aus.

Wir gehen in ruhigem, gleichmäßigem Tempo weiter und genießen jeden Schritt in dieser wunderbaren Natur. Wir freuen uns an der gleichmäßigen Bewegung. Das üppige Grün von Wiesen und Bäumen streichelt unsere Seele.

Jetzt entdecken wir auch den kleinen Bach, dessen Wasser munter dahinfließt. Ganz versteckt sucht er sich seinen Weg zwischen Wiesen und Sträuchern. Wir folgen eine Weile seinem Lauf, bis wir erkennen, dass sich der Rundweg seinem Ende nähert.

Ganz zufrieden kehren wir mit unseren Gedanken zurück in die Gegenwart. Wir bewegen Hände und Füße, beugen und strecken Arme und Beine und dehnen unseren Körper. Dann setzen wir uns auf und freuen uns auf den Rest des Tages.

Wanderung zum Gipfel

Wir wollen uns nun eine kleine Auszeit vom Alltag nehmen. Dazu suchen wir uns eine entspannte Sitz- oder Liegeposition, atmen bewusst und ruhig ein und aus und lösen uns von unseren Alltagsgedanken.

Wir beginnen eine Wanderung im Gebirge. Das Wetter ist wunderbar und wir freuen uns auf einen schönen Ausflug. Der Gipfel des Berges, den wir erwandern wollen, ist noch nicht zu sehen. Die Route führt zuerst auf weichem, moosigem Untergrund sanft ansteigend durch den Wald. Wir merken kaum, wie wir immer höher steigen. Unser ruhiges, gleichmäßiges Gehen bewirkt, dass Atmung und Geist allmählich zur Ruhe kommen.

Nach einer Weile verlassen wir den Wald. Der Baumbestand lichtet sich und gibt den Blick auf die Bergspitze frei. Voller Vorfreude nehmen wir den Weg in Richtung Gipfel in Angriff. Umsichtig setzen wir unsere Schritte und kommen dem Ziel immer näher.

Und dann ist es soweit. Nach einer letzten Biegung erschließt sich uns die ganze Schönheit der Bergwelt. Das Panorama der Berge erstrahlt vor dem tiefen Blau des Himmels. Die Sonne verleiht der Umgebung einen ganz besonderen Glanz.

Kurz unterhalb des Berggipfels steht eine Bank, die uns zum Ausruhen einlädt. Wir setzen uns und fühlen eine angenehme Müdigkeit, die sich in unserem Körper ausbreitet. Die Wärme der Holzbank tut gut. Die lachende Sonne wärmt Schultern, Bauch und Beine.

Wir schauen uns um und versinken in die Betrachtung des Panoramas. Majestätisch liegen die Berge vor uns. Auf den höheren Gipfeln entdecken wir Schneereste, die im Sonnenlicht aufblitzen. Diese zeitlose Schönheit nimmt uns völlig gefangen.

Die Berge und Täler erinnern uns an den Verlauf des Lebens, in dem wir auch viele Gipfel und Täler durchwandern. Langsam erfüllen uns Stolz und Freude darüber, welche Höhen und Tiefen wir bereits in unserem Leben bewältigt haben. Uns wird klar, dass wir Schritt für Schritt unserem Weg folgen können, um zum Ziel zu gelangen. Sind wir dort angekommen, dürfen wir das Erreichte genießen und wertschätzen.

Jetzt wird es Zeit, wieder an den Rückweg zu denken, denn die Sonne verliert merklich ihre wärmende Kraft. Wir lenken deshalb unsere Aufmerksamkeit wieder auf unseren Körper. Mit einem tiefen Atemzug verabschieden wir uns von der Bergwelt und wandern zurück in unsere Gegenwart. Um uns wieder zu mobilisieren, bewegen wir Arme und Beine, drehen uns hin und her und strecken uns kräftig. Wir blinzeln ein paarmal mit den Augen und sind wieder ganz im Hier und Jetzt.

Spaziergang im Weinberg

Es ist Zeit, uns eine kurze Ruhepause zu gönnen. Wir machen es uns gemütlich. Wer möchte, schließt die Augen. Wir lenken unsere Aufmerksamkeit nach innen, um zu spüren, wie es uns im Augenblick geht.

Wir stellen uns einen schönen Herbsttag vor und stehen am Fuße eines Weinbergs. Lange Reihen von Rebstöcken ziehen sich über den Berg. Alles sieht ordentlich und übersichtlich aus. Wir gehen spazieren und betreten den Gang zwischen zwei Rebenreihen. Alle Weinstöcke dort sind dick beladen mit blauen, prallen Trauben. Wir pflücken eine Beere, nehmen sie in den Mund und genießen ihren süßen Saft.

Die Sonne lacht und wärmt uns den Rücken. Wir spüren, wie sich unsere Muskeln durch die Wärme und die Bewegung lockern. Eine angenehme Leichtigkeit stellt sich ein. Beschwingt wandern wir durch den Weinberg. Der Boden unter unseren Füßen ist weich und federnd. Er massiert unsere Füße, so dass sie angenehm warm werden.

Nach einer Weile möchten wir rasten. Wir setzen uns am Wegesrand auf einen Stein, der vollständig mit Moos bedeckt ist. Das Mooskissen fühlt sich weich und warm an und scheint nur auf uns gewartet zu haben.

Unser Blick fällt auf einen einzelnen Rebstock, der knorrig in der Erde steckt. Er wirkt schon sehr alt. Das Graubraun seines Stammes hebt sich gegen das Grün der Blätter deutlich ab. Er vermittelt uns ein Bild von Kraft und Stärke.

Wir können den Weinberg und das Zusammenspiel der Rebstöcke auf uns Menschen übertragen. Wir sind alle miteinander verbunden. Jeder kann seine Talente in die Gemeinschaft einbringen. Wir spüren, dass durch dieses Miteinander großartige Dinge entstehen können.

Wir betrachten die blauen Beeren an den Reben. Erst jetzt fällt uns auf, wie viele Farbschattierungen an den Beeren zu erkennen sind. Von violett bis dunkelblau ist jede Farbnuance vertreten. In der Gemeinschaft der Menschen ist es ähnlich. Jeder ist individuell und trägt seinen Teil zum großen Ganzen bei. Wir freuen uns über eine solche Vielfalt.

Nach dieser Ruhepause beginnen wir unseren Rückweg. Wir nehmen Abschied vom Weinberg und lenken die Aufmerksamkeit wieder in die Gegenwart. Wir bewegen unsere Hände und Füße, beugen und strecken Arme und Beine und strecken unseren Körper. Danach öffnen wir unsere Augen und blicken gestärkt in die Zukunft.

Herbstspaziergang durch eine Kastanienallee

Wir machen uns jetzt bereit für einen Herbstausflug. Dazu nehmen wir eine bequeme Position ein und konzentrieren uns für drei Atemzüge auf das sanfte Heben und Senken von Brustkorb und Bauchdecke. So sinken wir allmählich in einen angenehmen Entspannungszustand.

Es ist Herbst und die Sonne taucht die Welt in ein warmes, goldenes Licht. Wir spazieren durch ein kleines Dorf, in dem viele alte Bauernhöfe stehen. Das Kopfsteinpflaster der alten Straße ist holprig. Eine Seitengasse reizt unsere Neugier besonders. Der Weg schlängelt sich an den Gebäuden vorbei. Endlich öffnet sich der Raum und gibt den Blick frei auf eine wunderschöne Allee mit uralten, majestätischen Kastanienbäumen.

Wir bleiben stehen und nehmen dieses friedliche Bild in uns auf. Der Anblick der fest verwurzelten Bäume berührt uns. Wir fühlen uns mit dem Ort verbunden. Die goldene Sonne wärmt und entspannt Körper und Geist. Die Luft ist sauber und frisch.

Nun richten wir unseren Blick auf die Straße und entdecken, dass der Wind viele reife Früchte auf die

Erde geschleudert hat, so dass die Schalen aufgeplatzt sind. Die Kastanien leuchten uns in einem kräftigen, warmen Braun entgegen. Wir bücken uns, um einige Kastanien aufzuheben. Sie fühlen sich glatt und geschmeidig an.

Eine besonders schöne Frucht legen wir uns auf die flache Hand. Sie ist groß, rund und glänzend. Ihre Maserung zeigt dunkelbraune, feine Linien, die sich von einem Zentrum ausgehend in immer größeren Kreisen über den helleren Grund ziehen. Sie wirkt noch ganz frisch und schmeichelt unserer Hand. Wir vertiefen uns in ihren Anblick und werden ruhig und zentriert. Die Zeit scheint langsamer zu gehen und wir fühlen uns richtig wohl.

Wir beschließen, diese friedliche Stimmung in unserem Herzen zu bewahren. Wir stecken die Kastanie in unsere Tasche und nehmen sie mit auf den Rückweg ins Dorf. Dort wieder angekommen spüren wir noch einmal die besondere Atmosphäre dieses Ortes. Danach sind wir bereit, unseren Ausflug zu beenden.

Um in die Wirklichkeit zurückzukehren, bewegen wir unsere Finger, lockern die Füße, strecken und beugen Arme und Beine. Wir blinzeln mit den Augen, lockern unsere Schultern und strecken uns. Wir setzen uns auf und erwarten voller Vorfreude den Rest des Tages.

4.

Fahren, gleiten, schweben

Dem Alltag entschweben

Wir legen uns auf unsere Unterlage und kommen zur Ruhe. Ruhige, gleichmäßige Atemzüge helfen uns dabei. Wir spüren, wie wir die Luft ein- und ausatmen. Beim Einatmen heben sich Brustkorb und Bauchdecke, beim Ausatmen sinken sie wieder ab. Mit jedem Atemzug entweicht mehr Anspannung aus unserem Körper. Arme und Beine fühlen sich allmählich schwerer an. Eine angenehme Wärme durchströmt unseren gesamten Körper. Sie geht von unserer Körpermitte aus und verteilt sich in Beinen, Armen, Rumpf und Hals.

Diese Wärme entwickelt jetzt ihr ganz eigenes Kraftfeld. Sie hält unseren Körper sicher und geschützt auf der Erde fest, so dass sich unsere Gedanken frei und unternehmungslustig bewegen können.

Sanft löst sich unser Geist vom Körper und schwebt langsam höher. Alles Schwere und Körperliche lassen wir zurück während unsere Gedanken immer entspannter höher und höher steigen. Zimmerdecken und Wände sind kein Hindernis.

Schon bald haben wir das Gebäude verlassen, in dem unser Körper ausruht, und steigen weiter in die Höhe. Wir durchbrechen die Wolkendecke und tauchen ein in strahlenden Sonnenschein. Über uns ist der leuchtende

Himmel, unter uns das dichte Wolkenmeer. Hier oben fühlen wir uns leicht und frei. Unsere Sinne kennen keine Begrenzung. Wir lauschen den sanften Klängen des Windes und riechen einen Hauch von Rosenduft.

Entspannt und locker schauen wir dem Spiel der Wolken zu. Ständig verändern sie Farben und Formen, türmen sich auf oder fallen auseinander. Sie scheinen übermütig miteinander zu spielen. Wir genießen dieses Schauspiel und freuen uns über unsere eigene Unbeschwertheit. Hier oben herrschen ganz andere Regeln als auf der Erde. Allein durch unsere Gedankenkraft können wir Dinge erschaffen oder Vorgänge in Gang setzen. Alles fühlt sich leicht und spielerisch an.

Mit der Zeit regt sich in uns der Wunsch, wieder auf die Erde zurückzukehren. Und so lassen wir gemächlich unseren Geist wieder nach unten sinken, durch die Wolkendecke hindurch, durch Dächer und Decken, bis wir wieder sanft in unseren eigenen Körper eintauchen.

Wir spüren, wie Arme, Beine und Rumpf entspannt und erholt auf der Matte liegen. Unser Geist verankert sich jetzt wieder fest mit unserem Körper.

Geistig erfrischt wecken wir nun unseren Körper wieder auf, indem wir Hände und Füße bewegen, Arme und Beine beugen und strecken und uns ausgiebig dehnen. Wir setzen uns langsam auf und starten voller Neugier in den restlichen Tag.

Frei wie ein Vogel

Wir nehmen eine für uns angenehme Haltung ein und atmen bewusst ein und aus. Wir spüren, wie die Luft in unseren Körper hineinfließt und langsam wieder herausströmt. Wir atmen ruhig und gleichmäßig. Langsam sinken wir in eine angenehme Entspannung. Unsere Muskeln fühlen sich weich und locker an. Wir sind entspannt und gelassen.

Ganz sacht löst sich unser Geist von unserem Körper und schwebt nach oben, durch Decken und Wände hindurch. Wir steigen höher und höher. Wir fühlen uns angenehm leicht und gehen auf die Reise.

So wie ein Adler scheinbar schwerelos durch die Lüfte schwebt, so lassen wir uns von den Luftströmungen forttragen. Sanft werden wir angehoben und über Wiesen und Wälder getragen. Das graue Straßennetz durchzieht die Natur und erinnert uns an die Blutgefäße in unserem Körper, die alles in uns miteinander verbinden und versorgen. Dörfer und Städte sehen von hier oben friedlich und schön aus. Das Rot der Dachziegel ist weithin sichtbar. Alles ist am richtigen Platz.

Unter uns entdecken wir jetzt auf einer Wiese blühende Obstbäume. Die Blätter der Bäume schimmern noch in zartem Grün.

Über uns entdecken wir weiße Wolken am blauen Himmel. Eine Zeit lang ziehen wir gemeinsam mit ihnen umher. Hier oben in der Luft fühlen wir uns frei und unbegrenzt.

Wenn wir Dinge näher betrachten wollen, schweben wir tiefer. Vielleicht haben wir gerade eine besonders schöne Blume entdeckt oder ein Tier, das wir beobachten wollen.

Völlig zeit- und schwerelos genießen wir unseren Flug und freuen uns an all den interessanten Dingen, den satten Farben und den unterschiedlichen Gerüchen. Im Einklang mit uns selbst ziehen wir unsere Bahnen. Wir genießen den ständigen Wechsel der Perspektive. Er hilft uns, auch unser Leben aus verschiedenen Blickwinkeln zu betrachten und neue Lösungen zu entdecken.

Mit der Zeit verspüren wir den Wunsch, auf die Erde zurückzukehren. Deshalb fangen wir an, uns nach unten sinken zu lassen, tiefer und tiefer, durch Dächer und Zimmerdecken hindurch. Wir landen wieder zielgerichtet in unserem Körper. Dieser hat warm und entspannt auf uns gewartet. Wir verankern uns wieder in ihm, indem wir Hände und Füße bewegen, Arme und Beine beugen und strecken und unseren gesamten Körper aufwecken. Diese kleine Auszeit hat gutgetan.

Eine Fahrt mit dem Heißluftballon

Wir suchen uns eine angenehme Haltung und entfernen uns langsam vom Alltagsgeschehen. Unser Atem fließt ruhig und gleichmäßig. Unsere Fantasie beginnt, sich frei zu entfalten.

Vor unserem inneren Auge entsteht eine grüne, saftige Wiese, auf der ein Heißluftballon abfahrtbereit steht. Seine bunten Farben leuchten in der Sonne. Der Ballonführer winkt uns einzusteigen.

Schon geht unsere Reise los. Die heiße Luft aus dem Gasbrenner lässt den Ballon sacht nach oben schweben. Wir beobachten, wie die Welt kleiner wird. Die Bäume strahlen von hier oben in kräftigen Grüntönen, rote Häuserdächer grüßen freundlich und in der Ferne erkennen wir einen Flusslauf, der in der Sonne glitzert.

Wir steigen in einen strahlend blauen Himmel auf, der nur ab und zu von kleinen Wolken durchzogen wird. Die Sonne taucht die Welt in einen warmen, goldenen Schimmer.

Mit jedem Meter, den wir an Höhe gewinnen, vergrößern wir den Abstand zu unserem normalen Leben.

Gedanken kommen und gehen. Wir fühlen uns leicht und frei.

Während wir so ruhig dahinfahren, spüren wir nach, welche Wirkung diese stille Fahrt auf unseren Körper hat: Unser Körper entspannt mehr und mehr und auch unser Geist kommt zur Ruhe. Wir genießen die Stille, die uns umfängt, und blicken auf die friedliche Landschaft unter uns. Diesen Frieden nehmen wir mit unserem ganzen Sein auf. Wir spüren, wie er sich sogar in Armen und Beinen bemerkbar macht.

Eine wohlige Wärme durchströmt uns. Sie geht von unserer Körpermitte aus und erwärmt alle Winkel unseres Körpers. Wir sind ruhig und entspannt. Auch unser Atem passt sich dem sanften Dahingleiten an. Ruhig und regelmäßig strömt die Luft in unseren Körper ein und aus. Wir lassen den Blick über die Landschaft gleiten und erfreuen uns daran.

Nach einer Weile bemerken wir, dass unser Ballon allmählich an Höhe verliert. Wir nähern uns den Häusern und Bäumen. Behutsam setzt der Ballonführer den Korb auf der Wiese auf, wo wir gestartet sind. Wir bedanken uns bei ihm für dieses schöne Erlebnis.

Um wieder im Alltag anzukommen, aktivieren wir unseren Körper, indem wir Arme und Beine bewegen, kräftig durchatmen und uns ausgiebig strecken.

Auf dem Trampolin

Wir suchen uns eine bequeme, entspannte Lage. Wir beobachten, wie unsere Atmung fließt und lösen uns langsam von unseren Alltagsgedanken. Wir schicken sie einfach auf eine Reise durch Raum und Zeit.

In unserer Fantasie machen wir einen Spaziergang über sommerliche Wiesen, auf denen viele Blumen blühen. Die Sonne lacht vom Himmel und es ist angenehm warm. Mit jedem Schritt wird uns leichter ums Herz und wir verspüren den Wunsch, uns in der Sonne ausgelassen zu bewegen.

Durch unsere Gedanken herbeigerufen, sehen wir auf dem Wiesenstück vor uns ein großes Trampolin. Es spannt sich straff über die Sprunggrube und ist an den Rändern fachmännisch verankert. Es wirkt sehr solide und tragfähig. Barfuß und voller Neugier betreten wir das Tuch, gehen in die Mitte und schwingen langsam auf und ab. Füße und Sprungtuch halten noch Kontakt zueinander. Wir gewöhnen uns an das gleichmäßige Auf und Ab. Die Bewegung hat eine harmonisierende Wirkung auf unseren Körper. Wir fühlen uns leicht und lebendig.

Allmählich vertrauen wir unseren Fähigkeiten. Wir straffen unseren Körper und springen vom Tuch in die

Höhe. Schwerelos werden wir nach oben getragen, verharren einen Moment bewegungslos in der Luft, um anschließend wieder nach unten zu sinken. Unsere Füße landen sicher auf dem Tuch und ein neuer Sprung beginnt.

Mit jedem Sprung werden wir routinierter. Wir genießen das Überwinden der Schwerkraft und unsere Sprünge werden kraftvoller. Die Schwerelosigkeit löst ein Gefühl von Freiheit in uns aus.

Mit der Zeit werden wir noch mutiger. Beim nächsten Sprung machen wir in der Luft eine halbe Drehung nach links. Schon sieht die Welt völlig anders aus. Unsere Arme helfen uns dabei, die Balance zu halten. Wir freuen uns darüber, wie einfach es ist, den Blickwinkel zu verändern.

Doch auch scheinbar schwerelose Sprünge kosten Kraft und wir gehen allmählich wieder in ein sanftes Auf- und Abschwingen über. Wir kommen wieder zu Atem und kehren auf den festen Boden zurück. Zuerst fühlt sich das seltsam für uns an. Aber es ist schön, wieder von der Erde gehalten zu werden. Voller Freude kehren wir mit unseren Gedanken zurück in die gewohnte Umgebung.

Zur Aktivierung atmen wir kräftig durch und bewegen Hände und Füße, beugen und strecken Arme und Beine und dehnen unseren Körper. Wir setzen uns auf und spüren die Energie und Tatkraft, die nun durch unseren Körper strömt.

Eine Cabriofahrt im Sommer

Wir suchen uns eine bequeme Lage auf unserer Matte. Die Aufmerksamkeit wandert nach innen, indem wir uns bewusst der Atmung zuwenden. Beim Einatmen spüren wir die kühle Luft, die durch Nase und Luftröhre streicht. Beim Ausatmen strömt die auf Körpertemperatur erwärmte Luft aus uns heraus. Ruhig und gleichmäßig heben und senken sich Brustkorb und Bauchdecke.

Eine angenehme Ruhe breitet sich in uns aus. Wir erkennen das daran, dass sich die Muskeln gelockert haben und unser Körper entspannt auf der Matte liegt.

Wir lassen unseren Gedanken freien Lauf und stellen uns einen schönen Sommertag vor. Auf der Straße vor uns steht ein rotes Cabrio, das mit geöffneten Türen auf uns wartet. Auf dem Rücksitz entdecken wir einen Picknickkorb. Wir haben die Wahl, selbst zu fahren oder die Dienste eines Chauffeurs in Anspruch zu nehmen. Sobald wir die Türen geschlossen haben und angeschnallt sind, geht die Fahrt los.

Gemächlich zieht die Landschaft an uns vorbei, wir haben keine Eile. Außer uns sind nur sehr wenige Autos unterwegs. Die Atmosphäre ist völlig entspannt. Wir spüren den leichten Fahrtwind auf unserer Haut und nehmen die Gerüche der Umgebung wahr.

Jeder entscheidet für sich, wohin die Fahrt gehen soll. Fahren wir lieber an der Küste entlang mit einem herrlichen Blick auf das blaue Meer? Oder soll der Ausflug in die Berge führen? Fahren wir durch schattige Alleen und schöne Wälder, oder spüren wir die Sonne auf unserer Haut?

Die Cabrioausfahrt folgt genau unseren Wünschen und Vorstellungen. Wir spüren den Wind auf der Haut und in den Haaren. Voller Freude und Zufriedenheit genießen wir den Ausflug.

Wir können jederzeit anhalten und eine Pause einlegen, um die Umgebung ausreichend zu würdigen. Am nächsten schönen Rastplatz halten wir an und machen ein Picknick. Der Korb ist mit all unseren Lieblingsspeisen und Getränken gefüllt. Wir erleben eine angenehme Rast. Danach geht unsere Fahrt weiter.

Wir könnten ewig so weiterfahren, aber langsam wird es Zeit, in die Gegenwart zurückzukehren. Unser Cabrio fährt auf einen Parkplatz. Wir lösen den Sicherheitsgurt und öffnen die Tür. Bevor wir aussteigen, atmen wir ein Mal kräftig durch, danach verlassen wir das Auto und kommen wieder in die Gegenwart zurück.

Wir bewegen Hände und Füße, beugen und strecken Arme und Beine, dehnen unseren Rücken und öffnen die Augen. Dann setzen wir uns auf und gehen mit neuer Kraft in den Tag.

Traumstadt am Fluss

Die Zeit für Entspannung ist gekommen. Wir suchen uns eine bequeme Lage. Nun wenden wir die Aufmerksamkeit nach innen, indem wir unsere Atmung beobachten. So können wir uns langsam von unseren Alltagsgedanken lösen.

In unserer Vorstellung beginnen wir einen Spaziergang über saftige Wiesen, die in einen Wald übergehen. Die Neugier, was sich hinter den Bäumen verbirgt, lässt uns weitergehen. Der Weg durch den Wald ist mit Moos überwuchert. An seinem Ende erwartet uns ein breiter, ruhig dahinfließender Fluss.

Das Flussufer lädt uns zum Verweilen ein. Wir setzen uns auf weiches Gras, lassen uns von der Sonne wärmen und betrachten die Umgebung. Auf unserer Flussseite ist es herrlich ruhig, die Luft riecht würzig und in der Ferne ist Vogelgezwitscher zu hören. Dieses schöne Naturerlebnis löst unsere innere Anspannung und wir fühlen uns ruhiger und ausgeglichener.

Auf der anderen Seite des Flusses stehen Häuser. Die erste Reihe der Häuser befindet sich ganz nahe am Ufer, so dass sich die Häuserfronten im Fluss spiegeln. Durch die grünbraune Farbe des Wassers wirken die Farben gedämpft. In der Spiegelung wackeln die Häuser und es sieht beinahe so aus, als ob die Häuser lebten: Es ist eine auf dem Kopf stehende Traumstadt, die sich da vor uns ausbreitet. Umrahmt ist sie vom Grün der Böschung und von Blumen.

In unserer Nähe gibt es einen Steg, an dem ein Ruderboot befestigt ist. Wir leihen uns das Boot aus und können so näher an die Traumstadt heranfahren. Die gleichmäßigen Ruderbewegungen sorgen für ein sanftes Schaukeln des Bootes und unser Geist beruhigt sich noch mehr. Die Bewegung erzeugt eine angenehme Wärme in uns.

Wir steuern ganz nah ans Ufer und können so alle Details der Umgebung in uns aufnehmen. Die Atmosphäre ist freundlich und offen und wir fühlen uns rundum wohl.

Unser Ausflug neigt sich dem Ende zu. Wir rudern zurück zum Steg, steigen aus und befestigen das Boot. Danach wandern wir durch den Wald zurück, überqueren die Wiese und kehren Schritt für Schritt zurück in die Wirklichkeit.

Wieder in unserem Übungsraum angekommen bewegen wir Hände und Füße, beugen und strecken Arme und Beine und dehnen unseren Körper. Nach einem kräftigen Atemzug setzen wir uns auf und lassen das friedliche Bild noch einen Moment in uns nachwirken.

Ein Segelausflug

Wir liegen ruhig und entspannt auf unserer Matte und lenken die Aufmerksamkeit auf unseren Körper. Wir spüren, wo der Körper Kontakt mit der Unterlage hat.

Unser Atem geht in einem ruhigen, gleichmäßigen Rhythmus. Wir spüren, wie die Luft in uns ein- und ausströmt. Stetig heben und senken sich Brust und Bauchdecke. Unsere Gedanken kommen und gehen.

Vor unserem inneren Auge entsteht eine Landschaft am Meer. Grüne Wiesen reichen bis fast an den Strand. Im Hintergrund sind kleine Strandhütten zu sehen. Barfuß laufen wir über Rasen und Sand. Wir nehmen die Unterschiede unter unseren Fußsohlen bewusst wahr.

Am Strand entdecken wir einen Steg, an dessen Ende ein wunderschönes Segelboot aus Holz vertäut ist. Es schaukelt auf dem Wasser. Sein brauner Rumpf glänzt in der Sonne. Das weiße Segel flattert im Wind. Wir laufen zu dem Boot, um es zu bewundern. Der Besitzer bemerkt unser Interesse und lädt uns zu einer kleinen Bootstour ein. Freudig steigen wir ein und machen es uns bequem. Schon löst er die Leinen und der Ausflug beginnt. Sanft bläht der Wind das Segel und das Boot gleitet dahin.

Die Oberfläche des blaugrünen Meeres ist von Schaumkrönchen bedeckt. Das Wasser ist klar und sauber. Wir fühlen uns richtig wohl. Unser Arm gleitet zum Wasser, bis unsere Fingerspitzen von den Wellen umspült werden.

Unser Gastgeber drosselt das Tempo und gibt uns so die Möglichkeit zu einem kühlen Bad. Wir schwingen die Beine über den Bootsrand und lassen uns langsam ins Wasser gleiten. Das Meer fühlt sich herrlich frisch an. Wenn wir nach unten schauen, sehen wir viele bunte Fische, die keinerlei Angst vor uns haben.

Nach dieser Erfrischung klettern wir ins Boot zurück und trocknen uns mit einem großen flauschigen Handtuch ab. Wir lassen uns von der Sonne wärmen. Der Skipper wendet nun das Boot und wir kehren wieder an Land zurück.

Nach einem perfekten Anlegemanöver klettern wir wieder auf den Steg, bedanken uns für diesen schönen Ausflug und kehren zurück in unsere reale Welt.

Um uns zu aktivieren, bewegen wir Arme und Beine, strecken und recken uns und atmen zum Schluss einmal kräftig ein und aus. Dann setzen wir uns auf und spüren den schönen Bildern noch einen Augenblick nach.

Eine Fahrt mit dem Pferdeschlitten

Wir lehnen uns entspannt zurück und freuen uns auf eine kurze Auszeit. Zuerst nehmen wir unseren Atem bewusst wahr. Wie von selbst füllen sich unsere Lungen mit frischer Luft. Wie von selbst fließt die verbrauchte Luft aus unserem Körper wieder heraus. Wir finden Abstand zum Alltag.

In unserer Gedankenwelt entsteht eine Winterlandschaft. Alles trägt eine dicke Schneehaube. Vor uns ist ein Weg gebahnt, auf dem wir entlang wandern. Der Himmel ist blau und die Sonne lacht.

Der Schnee knirscht unter unseren Schuhen und unser Atem lässt weiße Dampfwölkchen entstehen. Es ist kalt, aber wir sind so warm angezogen, dass uns die Kälte nichts anhaben kann.

Hinter der nächsten Ecke entdecken wir einen großen Schlitten mit zwei ungeduldigen Pferden davor. Das Scharren ihrer Hufe fordert uns auf, einzusteigen.

Auf dem Schlitten machen wir es uns gemütlich und hüllen uns in einer Decke ein. Wir ergreifen die Zügel und schon traben die Pferde los. Ein leises Bimmeln begleitet unsere Fahrt.

Während die Landschaft an uns vorüberzieht, lehnen wir uns gelassen zurück. Baumgruppen wechseln sich mit offenen Schneeflächen und mit Flussläufen ab. So wie sich die Umgebung dauernd ändert, so ergeht es auch unserem Geist. Ständig kommen neue Gedanken, die wir aber gleich wieder ziehen lassen. Jedes Mal, wenn eine neue Idee auftaucht, nehmen wir sie zur Kenntnis, ohne sie festzuhalten. So werden wir mit der Zeit ruhiger und entspannter.

Unser Körper fühlt sich herrlich locker und warm an. Die innere Wärme strahlt bis in unsere Finger und Zehen aus. Unser Atem ist ruhig und gleichmäßig. Wir fühlen uns eins mit der Natur. Alle Außengeräusche sind gedämpft. Nur das rhythmische Klingen der Glöckchen ist zu hören. Wir spüren, wie heilsam diese Ruhe für uns ist.

Die Pferde verlangsamen jetzt ihr Tempo. Wir schauen uns um und erkennen den Weg, der uns hergeführt hat. Wir sind wieder am Ausgangspunkt unserer Fahrt angelangt. Wir ziehen an den Zügeln und bringen die Pferde zum Stehen. Der Schlittenbesitzer steht schon bereit, um uns die Zügel abzunehmen. Mit einem Sprung steigen wir ab und landen wieder im Jetzt.

Wir bewegen Hände und Füße, beugen und strecken Arme und Beine und dehnen unseren Rücken. Ein kraftvoller Atemzug verankert uns vollends im Hier und Jetzt.

5.

Schaukeln und wiegen

Eine Schaukel im Wind

Um ein wenig Abstand von unserer Alltagswelt zu bekommen, suchen wir uns eine bequeme Position. Wir beginnen damit, die Anspannung aus unseren Muskeln an die Unterlage abfließen zu lassen. Wir spüren, wie die Arme und Beine allmählich schwerer werden. Und auch im Rücken nehmen wir Veränderungen wahr.

Unsere Gedanken werden leichter. Sie schweben davon und nehmen uns mit auf eine Reise. Wir entfernen uns aus der Gegenwart und tauchen ein in unsere Vorstellungskraft. Jeder erschafft sich einen Ort in freier Natur, der ihn besonders anspricht. Dort herrscht schönes Wetter, die Sonne lacht und wir sind guter Laune. Unternehmungslustig schauen wir uns um.

Etwas versteckt hinter dem dicken Stamm eines hohen Baumes entdecken wir eine große Schaukel, die an einem seiner mächtigen Zweige hängt. Sie schwingt einladend vor und zurück.

Wir nähern uns vorsichtig und überprüfen die Stabilität von Seilen und Sitzfläche. Alles sieht sehr solide aus und wir lassen uns auf dem hölzernen Sitzbrett nieder. Sogleich beginnt der Wind, uns sanft hin und her zu schaukeln. Das ist ein herrliches Gefühl.

Wir schwingen vor und zurück und genießen das Gefühl der Schwerelosigkeit. Dabei spüren wir ein angenehmes Kribbeln im Bauch und sogar unser Atem passt sich mit der Zeit an den Schaukelrhythmus an.

So entsteht ein ruhiger, gleichmäßiger Atemstrom, der schwere Gedanken auflöst und uns mit frischer Lebensenergie versorgt.

Wir fühlen uns in unsere Kindheit versetzt, als wir noch ganz im Augenblick versinken konnten. Mit jedem Schwung nähern wir uns diesem Zustand wieder an. Wir fühlen uns frei, leicht und unbeschwert.

Die Schaukel kommt langsam zum Stillstand. Beschwingt und locker beschließen wir, jetzt wieder in die Wirklichkeit zurückzukehren. Mit einem eleganten Sprung springen wir von der Schaukel ab und landen wieder auf der Erde im Hier und Jetzt. Wir spüren, wie der Körper von der Unterlage getragen wird.

Zur Aktivierung bewegen wir Hände und Füße, beugen und strecken Arme und Beine und dehnen unseren Körper. Wir atmen kraftvoll ein und aus, setzen uns langsam auf und freuen uns auf den Rest des Tages.

Eine Hängematte im Wald

Es ist wieder Zeit, uns eine kleine Pause zu gönnen. Wir machen es uns auf unserer Unterlage bequem, entspannen die Muskeln im Gesicht, die Muskeln im Hals-, Nacken- und Schulterbereich, die Muskeln an den Armen, am Rücken und an den Beinen. Jetzt sind wir bereit für einen Ausflug in den Wald.

Wir stellen uns einen Herbstwald vor. Das Wetter ist schön und die Sonne taucht die Welt in ein warmes, goldenes Licht. Unter unseren Füßen raschelt trockenes Laub, über uns strahlen die Baumkronen in ihren gelben und roten Herbstkleidern. Durch die Blätter blitzen Sonnenstrahlen.

Unser Weg führt uns durch ein Waldstück und mündet in eine Lichtung. Am anderen Ende der Lichtung steht eine Holzhütte, die ganz von einer Veranda umgeben ist. Da wir rasten möchten, nähern wir uns der Hütte und nehmen die Umgebung in Augenschein.

In der Nähe sehen wir zwei Kastanienbäume, die beieinander stehen und durch eine Hängematte miteinander verbunden sind. Die Matte hat ein leuchtend buntes Muster und schaukelt im Wind einladend hin und her. Wir möchten sie ausprobieren und lassen uns in das Tuch hineingleiten. Sanft schaukeln wir hin- und her. Die Bewegung ist ruhig und gleichmäßig, so dass wir gut entspannen können. Die Luft ist angenehm warm. Wir genießen die sanfte Bewegung.

Wenn wir ganz aufmerksam sind, hören wir die leisen Geräusche des Waldes und nehmen den intensiven Duft wahr. Wir atmen die würzige Waldluft ein und wieder aus. Ein und aus. Mit jedem Atemzug fühlen wir uns mehr als Teil des Waldes und eine große, innere Ruhe breitet sich aus.

Ganz nah an unseren Kastanienbäumen huschen Eichhörnchen hin und her auf der Suche nach Nahrung für den Winter. Es macht Spaß, sie bei ihrem Tun zu beobachten. Unermüdlich setzen sie ihre Nahrungssuche fort. Wir genießen das Eins-Sein mit der Natur und fühlen uns ganz geborgen.

Gut erholt und gestärkt beschließen wir, wieder in die Gegenwart zurückzukehren. Den inneren Frieden, den uns der Wald geschenkt hat, nehmen wir in unserem Herzen mit. Wir verabschieden uns von dem Herbstwald und lenken unsere Aufmerksamkeit zurück in unseren Raum.

Wir bewegen die Finger, schütteln die Füße, beugen und strecken Arme und Beine. Wer die Augen geschlossen hatte, öffnet sie wieder. Wir lockern unsere Schultern und strecken uns. Nun sind wir wieder ganz angekommen.

Eine Hollywood-Schaukel im Garten

Wieder einmal nehmen wir uns Zeit für eine Ruhepause. Um uns auf unsere Auszeit vorzubereiten, suchen wir uns eine angenehme Sitz- oder Liegeposition aus. Sobald wir sie gefunden haben, wenden wir unsere Aufmerksamkeit nach innen und erspüren unseren Atemfluss. Mit jeder bewussten Ein- und Ausatmung gleiten wir tiefer in die Entspannung.

In unserer Vorstellung stehen wir vor einer Gartenpforte, zu der nur wir den Schlüssel besitzen. Wir schließen auf und gelangen in unseren Traumgarten, der sich vor uns ausbreitet. Eine saftig grüne Wiese ist umrahmt von bunten Blumenbeeten. Die große Farbenvielfalt erfüllt uns mit Freude.

Da, wo der Überblick über unseren Garten am schönsten ist, steht eine Hollywoodschaukel. Die bunten, fröhlichen Kissen auf der Sitzfläche warten schon auf unseren Besuch. Wir machen es uns gemütlich und beginnen, sanft hin- und her zu schaukeln. Ganz gemächlich bewegt sich die Schaukel, so wie es unserer Stimmung guttut. Ein sanfter Wind streichelt unser Gesicht und trägt alle Gedanken mit sich fort. Es fällt uns leicht, den Alltag zurückzulassen.

Unser Blick versenkt sich in die Blütenpracht rund um die Wiese. Zarter, süßer Blumenduft weht zu uns herüber und die ganze Atmosphäre ist angenehm leicht. Unsere verspannten Muskeln lockern sich, wir können frei durchatmen. Wir spüren Harmonie und gute Energie.

Da setzt sich ein Marienkäfer auf unsere Hand. Sieben Punkte können wir auf seinem Rücken zählen. Wenn er krabbelt, spüren wir ein leichtes Kitzeln auf unserer Haut. Er scheint keine Angst vor uns zu haben, sondern möchte die Wärme unserer Hand genießen. Wir halten sie ganz ruhig, um ihn nicht zu erschrecken. Nach einer Weile jedoch wird er unruhig, breitet seine Flügel aus und erhebt sich in die Luft. Wir verfolgen seinen Flug bis zur nächsten Blüte, auf der er sich niederlässt. Seine rote Farbe bildet einen hübschen Kontrast zum Blütenblatt.

Uns wird wieder das sanfte Schwingen der Hollywoodschaukel bewusst. Wir genießen diese kleine Ruhepause auf der Schaukel und lassen noch einmal alle Gedanken ziehen.

Unser Gartenbesuch neigt sich langsam dem Ende zu. Wir stoppen die Schaukel, stehen auf und gehen zurück zur Gartenpforte. Sobald wir das Tor geschlossen haben, kommen wir wieder in unseren Alltag zurück. Gut entspannt aktivieren wir Arme und Beine, atmen kräftig durch und freuen uns auf die nun folgende Zeit.

Auf der Schiffschaukel

Wir machen uns bereit für ein kurzes Innehalten in unserem Tagesablauf. Dazu nehmen wir eine angenehme Haltung ein, stimmen unseren Körper durch bewusstes Ein- und Ausatmen auf diese Pause ein. Wir schließen die Augen und wenden unseren Blick nach innen.

Vor unserem geistigen Auge entsteht ein Rummelplatz. Die Fahrgeschäfte scheinen aus längst vergangenen Tagen zu stammen. Hier steht ein Kinderkarussell mit Pferden und Kutschen, dort ist ein Stand mit Süßigkeiten und Zuckerwatte.

Wir schlendern entspannt über den Festplatz und laufen geradewegs auf die schönen, großen Schiffschaukeln zu, die in den Farben gelb, rot, blau und grün auf Kundschaft warten. Leichtfüßig klettern wir in ein Schiff, bezahlen den Fahrpreis bei einem Matrosen und beginnen mit unserer Schaukelfahrt.

Der Matrose versetzt unser Boot mit einem Stoß in Bewegung. Um die Schiffschaukel in Fahrt zu bringen, beugen und strecken wir die Beine und schwingen mit dem Oberkörper vor und zurück. An den Haltestangen können wir uns gut festhalten. Allmählich erreichen wir eine ordentliche Flughöhe.

Wir spüren, wie der Wind über unser Gesicht streift und unser Haar wehen lässt. Kraftvoll schwingen wir hin und her und fühlen uns wie der König der Meere, der sein Schiff über den Ozean jagt und sich an der Geschwindigkeit erfreut. Am Umkehrpunkt der Schaukelbewegung lösen sich unsere Füße für einen Augenblick vom Schiffsboden.

Auf Dauer empfinden wir dieses kraftvolle Schaukeln aber als sehr anstrengend. Wir kehren zu einer sanfteren Bewegung zurück und finden in einen ruhigen, gleichmäßigen Schaukel- und Atemrhythmus. Auch das ruhigere Schaukeln macht viel Spaß.

Zum Abschluss setzen wir uns auf das Sitzbrett in unserem Schiff und genießen die letzten Schwünge.

Unsere Fahrt geht zu Ende. Der Matrose stoppt unsere Schiffschaukel mithilfe einer Bremse und wir können das Boot wieder bequem verlassen. Am Rande des Fahrgeschäfts bleiben wir stehen und spüren in unseren Körper hinein. Wir fühlen uns leicht und beschwingt.

Jetzt schütteln wir unsere Schultern, bewegen Arme und Beine und drehen dem Jahrmarkt den Rücken zu. Wir gehen locker und froh zurück in die Gegenwart.

Unser Schaukelstuhl

Körper und Geist haben sich jetzt eine kleine Erholungspause verdient. Wir entscheiden uns zuerst, ob wir bequem sitzen oder auf einer Matte liegen wollen. Dabei richten wir uns ganz nach den eigenen Bedürfnissen. Anschließend wenden wir unsere Aufmerksamkeit nach innen. Wer möchte, schließt die Augen.

Und schon befinden wir uns in einem großen, freundlich wirkenden Raum. An den hellen Wänden hängen hübsche Bilder. Wir fühlen uns augenblicklich wohl und sicher.

In der Mitte des Raumes steht ein Schaukelstuhl. Ein Schafsfell bedeckt seine Sitzfläche. Wir machen es uns auf dem Stuhl bequem. Das Fell wärmt Rücken, Po und Oberschenkel. Die Wärme verteilt sich langsam im gesamten Körper und unsere angespannten Muskeln werden lockerer.

Da beginnt der Schaukelstuhl sanft hin und her zu schwingen. Ohne eigene Kraftanstrengung werden wir wie durch Zauberhand bewegt. Das hat eine sehr entspannende, beruhigende Wirkung auf uns. Mit jedem Schwung werden die Muskeln lockerer und es lösen sich auch hartnäckige Verspannungen auf.

Das gleichmäßige Hin und Her des Schaukelstuhls harmonisiert auch unsere Atmung. Ruhig und gleichmäßig lassen wir den Luftstrom fließen. Bei jedem Atemzug nehmen wir die Bewegungen wahr, die in Brustkorb und Bauchraum entstehen.

Wenn wir nun in unseren Körper hineinhorchen, spüren wir Wärme, Ruhe und Zufriedenheit. Unsere Arme und Beine fühlen sich angenehm entspannt an. Die Gedanken haben sich vom Alltag gelöst und wir genießen diese Auszeit. Wir merken, dass sich der innere Frieden weiter in uns ausdehnt. Jede Faser unseres Körpers und Geistes wird davon berührt. So lassen sich unsere leeren Batterien wunderbar wieder aufladen.

Nun ist es an der Zeit, in die Wirklichkeit zurückzukehren. Dazu stoppen wir den Schaukelstuhl mithilfe unserer Gedanken. Doch bevor wir aufstehen, bewahren wir dieses persönliche Ruhebild in unserem Herzen, so dass wir jederzeit wieder in unseren Entspannungszustand zurückfinden können.

Wir wenden uns dann unserem Körper zu, atmen zwei Mal kräftig ein und aus und beginnen, Arme und Beine zu bewegen. Wir dehnen unsere Rückenmuskulatur und öffnen die Augen. Ausgeruht und erfrischt kehren wir zurück in den Alltag.

Das innere Kind wiegen

Wir haben jetzt etwas Zeit, um zu entspannen. Dazu suchen wir uns eine bequeme Sitzposition aus und begeben uns auf eine Reise nach innen. Wir lenken unsere Aufmerksamkeit zuerst auf eine bewusste, ruhig fließende Atmung. Genussvoll lassen wir die Luft durch Nase und Luftröhre in unsere Lunge einströmen und im Anschluss daran wieder nach außen abfließen. Dieser gleichmäßige Rhythmus führt uns immer tiefer ins Loslassen des Alltags.

Nun stellen wir uns einen geschützten Raum vor, der ganz nach unseren Vorstellungen eingerichtet ist. Alles steht genau am richtigen Platz und sanftes Licht durchflutet den Raum.

Während wir es uns gemütlich machen, bekommen wir Besuch. Es ist das Kind, das wir vor langer Zeit waren. Ruhig steht es da und lächelt uns zu. Wir können uns noch gut an die früheren Zeiten erinnern.

Wir laden unser inneres Kind nun ein, zu uns zu kommen. Wir setzen es auf unseren Schoß. Es soll sich geborgen und beschützt fühlen. Gut und sicher von uns gehalten, fangen wir an, das Kind sanft hin und her zu wiegen. Von fern hören wir eine leise Melodie, zu der wir uns im Takt bewegen. Langsam entsteht eine angenehm entspannte Atmosphäre, die von gegenseitiger

Wertschätzung geprägt ist. Es ist uns bewusst, dass wir unserem Kind Heimat und Wohlgefühl geben können.

In stillem Einvernehmen wiegen wir uns weiter sanft zur Musik. Mit jedem Augenblick, der vergeht, wächst unsere Verbundenheit und Liebe mit der Person, die wir früher einmal waren. Ebenso spürt unser Kind, dass wir heute mehr Handlungsmöglichkeiten haben, um für unser Wohlergehen zu sorgen, als es ihm früher möglich war. Wir bauen gegenseitiges Verständnis auf.

Wie fühlt es sich an, mit seinem inneren Kind verbunden zu sein? Welche Gefühle stellen sich dabei ein? Möglicherweise entdecken wir Facetten an unserer Person, an die wir lange nicht mehr gedacht haben. Wir können auch schwierige Momente unseres früheren Lebens noch einmal ansehen und heilen lassen. Der Kontakt zu unserem inneren Kind zeigt uns, dass wir heute viel freier sind als früher und deshalb auch unser Kind besser beschützen können. Wir freuen uns über seinen Besuch und genießen jede Minute.

Wir spüren, dass sich unsere Auszeit dem Ende nähern möchte. Deshalb verabschieden wir uns von unserem Kind und wünschen ihm eine gute Zeit. Gestärkt von dieser Begegnung tauchen wir wieder in unsere Realität ein. Wir spüren unseren Körper und nehmen unsere Atmung bewusst war. Um uns zu aktivieren, beugen und strecken wir jetzt Arme und Beine, atmen einmal kraftvoll ein und aus und freuen uns auf den Rest des Tages.

6.

Wohlfühlorte

Freiraum schaffen

Wir suchen uns jetzt eine angenehme Position, in der wir uns für eine Weile gut entspannen können. Wer in Rückenlage auf der Matte liegt, prüft, welche Beinhaltung angenehmer ist: angestellt, dann ist der Lendenwirbelbereich gut entspannt, oder ausgestreckt, wobei die Füße leicht nach außen sinken. Wir nehmen unsere Bedürfnisse wahr und richten unseren Körper danach aus. Die Geräusche des Alltags treten in den Hintergrund und wir lassen unseren Gedanken freien Lauf.

Wir stellen uns ein Zimmer vor, in dem wir uns gerne aufhalten. Wir sehen es vor uns mit all seinen Sitzgelegenheiten, Schränken und Regalen. Ist das Zimmer gut gefüllt oder eher übersichtlich eingerichtet? Gibt es viel Freiraum oder eher weniger? Wir beginnen, die Einrichtung umzugestalten, um noch mehr Wohlfühlatmosphäre zu schaffen.

Da die meisten von uns zu viele Dinge anhäufen, fangen wir an auszusortieren. Wir nehmen nach und nach die Gegenstände in die Hand und prüfen, ob wir noch Freude dabei empfinden, sie in den Händen zu halten. Wenn das nicht der Fall ist, trennen wir uns von ihnen. Zuerst bedanken wir uns dafür, dass wir sie besitzen durften, danach legen wir sie in einer leeren Kiste ab. Es mag am Anfang noch schwer sein, doch mit der Zeit fallen uns die Entscheidungen leichter, von welchen Dingen wir uns verabschieden wollen. Schon nach kurzer Zeit ist der Behälter gefüllt.

Wir räumen jetzt noch den ein oder anderen größeren Gegenstand aus dem Zimmer, den wir nicht mehr unbedingt brauchen. Auf diese Weise entsteht immer mehr Raum um uns herum.

Wie fühlt sich das für uns an? Fehlen uns die aussortierten Dinge oder sind wir eher froh, diesen Schritt getan zu haben? Zum Schluss tragen wir die gefüllte Kiste aus dem Zimmer und nehmen das Ergebnis unseres Aussortierens wahr.

Zufrieden füllen wir die entstandenen Freiräume mit unserer Persönlichkeit aus. Wir haben jetzt die Möglichkeit, frei durchzuatmen und unsere Kreativität zu entfalten. Endlich etwas Platz geschaffen zu haben, erfüllt uns mit Freude und Stolz.

Diese Gefühle genießen wir noch ein bisschen, bevor wir uns wieder auf den Weg in die Gegenwart machen. Wir lockern unsere Muskeln und strecken uns ausgiebig. Mit einem tiefen Atemzug kommen wir dann wieder der Wirklichkeit an.

Unser persönlicher Ruheraum

Wir nehmen uns jetzt eine Auszeit in unserem ganz persönlichen Ruheraum. Zunächst suchen wir uns eine bequeme Lage und nehmen wahr, wie sich unser Körper langsam an die Entschleunigung anpasst. Wir lassen die Schultern bewusst Richtung Boden sinken. Wir spüren, dass sich die Muskeln des mittleren Rückens und der Bereich rund um die Lendenwirbel entspannen. Unsere Arme und Beine werden angenehm schwer. Unsere Atmung wird ruhig und gleichmäßig. Mit jedem Ausatmen sinken wir etwas tiefer in die Entspannung.

Wir lösen uns jetzt von unseren Alltagsgedanken und stellen uns einen ruhigen, angenehmen Raum vor. Die Wände sind in einem hellen, freundlichen Farbton gehalten, der Teppich strahlt Erdverbundenheit aus. Die Temperatur ist genau richtig für uns.

Der Raum enthält nur eine sehr zurückhaltende Einrichtung. Eines der wenigen Möbelstücke in diesem Raum ist ein großer bequemer Sessel, der uns zum Ausruhen auffordert. Wir setzen uns langsam hinein und fühlen uns augenblicklich wohl und geborgen.

Wir genießen den Frieden, den dieser Ort ausstrahlt. Wir schalten eine Lampe ein, die alles in ein sanftes, warmes Licht taucht. Es geht uns so richtig gut. Wir merken, wie die Geschäftigkeit des Alltags immer mehr von uns abfällt.

Auch unsere Atmung reagiert auf diese Ruhe. Wir atmen gleichmäßiger und tiefer. Wir bemerken, wie sich unser Brustkorb sanft hebt und senkt. Auch in unserem Bauch können wir die Atembewegung spüren. Unsere Sinne sind geschärft und wir genießen das Ein- und Ausatmen.

Endlich ruhen wir ganz in uns selbst. Wir lassen alles los, was uns bedrücken könnte, und spüren, wie wir immer mehr mit uns selbst im Frieden sind. Jeder neue Atemzug führt uns tiefer in diesen Frieden. Wir werden immer ruhiger und entspannter.

Nun wird es wieder Zeit, aus der Entspannung in unseren Alltag zurückzukehren. Zufrieden beenden wir unsere Übung, indem wir zuerst ein paar Mal kräftig ein- und ausatmen.

Danach beugen und strecken wir Arme und Beine und dehnen unsere Rückenmuskeln. Sind wir wieder ganz in der Gegenwart angekommen, setzen wir uns auf. Wir spüren die neue Energie in uns und freuen uns auf den restlichen Tag.

Unser Wohlfühlort

Wir beginnen jetzt mit einer kleinen Entspannungsübung. Wer möchte, zieht sich etwas Wärmendes über, damit der Körper in der Ruhephase nicht auskühlt. Danach legen wir uns ganz entspannt auf unsere Matte. Wir wählen die für uns angenehmste Haltung, in der wir bewusst die Muskeln entspannen können und die Atmung ungehindert fließen kann.

Unsere Aufmerksamkeit bleibt bei der Atmung. Wir spüren deutlich den Wechsel von Ein- und Ausatmen und den kurzen Pausen dazwischen.

Wir müssen keine aktive Rolle übernehmen, denn der Atemvorgang geschieht ganz von selbst. Wir sinken weiter auf unsere Unterlage und lassen die Muskulatur sich immer mehr entspannen.

Unsere Gedanken wandern. Sie gehen zu einem Ort, der ein Gefühl der Sicherheit und Geborgenheit in uns auslöst. Er kann in der freien Natur sein oder auch in einem geschlossenen Raum. Mit ein bisschen Fantasie gestalten wir diesen Ort ganz nach unseren Bedürfnissen.

Der Ort soll so viel Behaglichkeit ausstrahlen, dass es uns leichtfällt, alle schwierigen Dinge des Lebens loszulassen. Wenn wir nicht genau wissen, wie die Umgebung aussehen soll, spielen wir verschiedene Möglichkeiten durch. Vielleicht brauchen wir einen einsamen Ort in der Natur, um innerlich ruhiger zu werden. Oder wir brauchen eine Tasse Tee und Kerzenschein. Wir gestalten uns unseren Rückzugsort so, dass wir uns leicht entspannen können.

Diejenigen Dinge, die ein gutes Gefühl auslösen, dürfen bleiben. Alle anderen Dinge entfernen wir.

Nach und nach bekommen wir ein klareres Bild von unserem Wohlfühlort. Wir prägen uns alle Einzelheiten genau ein. So können wir uns jederzeit daran erinnern und uns in anstrengenden Zeiten dorthin zurückziehen und auftanken.

Allmählich wird es Zeit, von unserem Wohlfühlort wieder in die Gegenwart zurückzukehren. Wir nehmen noch einmal jedes Detail wahr und lenken dann unsere Aufmerksamkeit auf unseren Körper.

Wir spüren den festen Boden unter uns und beginnen mit der Aktivierung unserer Arme und Beine. Im Anschluss strecken wir uns ausgiebig, atmen zwei Mal kräftig ein und aus und setzen uns erfrischt auf unsere Unterlage, um von dort wieder in unseren Alltag zu starten.

Lichterzauber

Wir machen es uns bequem, lockern unsere Muskeln und lenken unsere Aufmerksamkeit auf die Atmung. Wir nehmen wahr, wie die Luft beim Einatmen an unseren Nasenflügeln entlang streicht, durch die Luftröhre fließt und wie sich Brust- und Bauchraum heben. Anschließend strömt der Atem wieder aus unserem Körper heraus. In ruhigen tiefen Atemzügen versorgen wir Körper und Geist mit Lebensenergie. Jeder Atemzug lässt die innere Ruhe und Verbundenheit mit der Welt wachsen. Unsere Arme und Beine werden angenehm locker.

In unseren Gedanken befinden wir uns an unserem Lieblingsort. Das kann ein realer Ort sein oder wir erschaffen uns diesen Raum einfach jetzt. Dort setzen wir uns in einen gemütlichen Sessel.

Vor uns am Boden stehen auf silbernen Untersetzern viele verschiedene Kerzen. Die Zusammenstellung der Formen, Farben und Größen wirkt sehr harmonisch. Mit Hilfe eines langen Streichholzes zünden wir die Kerzen an. Der Schein der Flammen lässt unseren Wohlfühlplatz in einem weichen, goldenen Licht erstrahlen. Hier fühlen wir uns gut und kommen zur Ruhe. Die Wärme, die von den Flammen abstrahlt, ist deutlich zu spüren. Unser Körper nimmt sie auf und verteilt sie so, dass uns überall wohlig warm wird.

Zusammen mit der Wärme stellt sich eine angenehme Schwere in unseren Gliedern ein. Wir werden ruhig und friedvoll. Unsere Gedanken treten in den Hintergrund bis sich ein Gefühl der Zeitlosigkeit einstellt. Wir spüren den Augenblick und fühlen uns mit allem um uns herum verbunden.

Unser Atem wird immer ruhiger und gleichmäßiger. Jeder Atemzug lässt unsere innere Ruhe und Zufriedenheit weiter wachsen. Wir fühlen uns rundum entspannt und wohl, wofür wir sehr dankbar sind. Die Dankbarkeit und die Freude darüber fließen aus unserem Herzen und füllen mit der Zeit das ganze Zimmer.

Langsam wird es Zeit, uns von unserem Lieblingsort zu verabschieden. Wir nehmen einen tiefen Atemzug und pusten die Kerzen aus. Anschließend kehren wir mit unseren Gedanken langsam zurück in unseren Alltag.

Um uns wieder zu aktivieren, atmen wir kräftig ein und aus, bewegen unsere Hände und Füße, beugen und strecken Arme und Beine und dehnen unseren Körper. Wir richten uns auf und sind wieder zurück in der Gegenwart.

Am Lagerfeuer

Um ein wenig zu entspannen, suchen wir uns eine Haltung, in der Kopf und Rücken gut abgestützt sind. Dann wenden wir unsere Aufmerksamkeit nach innen und konzentrieren uns auf das Ein- und Ausströmen des Atems. Wir spüren, wie sich die Spannung aus den Muskeln langsam löst und wie sich unsere Arme und Beine lockern. Unsere Gedanken wandern in die Ferne.

Wir sehen uns bei einer entspannten Wanderung durch eine schöne, abwechslungsreiche Umgebung. Jede Biegung auf dem Weg birgt neue, überraschende Ausblicke. So vergeht die Zeit wie im Flug und die Dämmerung setzt ein. Uns wird bewusst, dass wir schon viele Stunden unterwegs sind und langsam müde und hungrig werden.

Zum Glück sehen wir in der Nähe ein Licht und nehmen es als Orientierung. Wir erreichen eine Wiese, in deren Mitte ein schönes Lagerfeuer prasselt, das von großen Steinen begrenzt ist. In einigem Abstand stehen einfache Holzbänke rund um das Feuer. Alles wirkt sehr romantisch. Die Menschen, die an der Grillstelle stehen, laden uns zum Essen ein. Es werden Fleisch, Würstchen und viele Sorten Gemüse gegrillt. Wer möchte, macht sich ein Stockbrot. Jeder findet etwas, auf das er Appetit hat.

Nach dem Essen nimmt einer der Gäste seine Gitarre und spielt sanfte Melodien. Alles ist friedlich. Jeder hat seinen Platz auf einer Bank gefunden. Wir beobachten das Spiel der Flammen, wie es sich ständig verändert. Die wohlige Wärme, die das Feuer abstrahlt, macht uns angenehm müde und zufrieden. Arme und Beine fühlen sich schwer an.

Unser Geist kommt zur Ruhe. Er nimmt nur die Flammen wahr. Wir fühlen uns mit allen Anwesenden verbunden und genießen die ruhige, friedliche Atmosphäre.

Als das Feuer niedergebrannt ist, wird es kühl und wir beschließen, nach Hause zu gehen. Wir bedanken uns bei den Gastgebern für diese erfüllende Zeit und machen uns auf den Heimweg. Zum Glück haben sie uns eine Abkürzung verraten, auf der wir ganz leicht in unsere Wirklichkeit zurückkehren können.

Um uns wieder zurechtzufinden, nehmen wir zunächst unseren Körper wahr, wie er von der Unterlage gehalten wird. Die Entspannung, die wir fühlen, bleibt erhalten, auch wenn wir uns jetzt aktivieren. Wir bewegen Arme und Beine, dehnen unseren Rücken und atmen kraftvoll ein und aus. Danach sind wir so frisch und ausgeruht, dass wir unseren anstehenden Aufgaben mit Freude entgegensehen.

Im Wald verwurzelt

Es ist Zeit für eine kurze Erholungspause und wir bringen unseren Körper in eine bequeme Lage. Die Umgebung um uns herum verliert an Wichtigkeit. Unsere Gedanken kommen und gehen. Der Atem strömt tief in unsere Lungen ein und aus. Wir spüren, wie sich Brustkorb und Bauchraum heben und senken, heben und senken.

In Gedanken sitzen wir auf einer Wiese am Waldrand. Wir spüren das weiche Gras unter unserem Körper. In der Luft liegt der würzige Duft von Erde und Wald. Die Sonne scheint und wärmt uns auf angenehme Weise. Wir sind ruhig und entspannt.

In unserer Nähe steht ein mächtiger Baum. Wir betrachten seinen dicken Stamm. Seine Blätter winken uns zu. Auf einmal verspüren wir den Wunsch, Kontakt mit diesem Baum aufzunehmen. Das geht ganz einfach, indem wir uns selbst in einen Baum verwandeln.

Langsam werden wir eins mit der Erde unter uns. Wir spüren, wie wir Wurzeln bilden, die sich sacht ins Erdreich ausdehnen. Diese Wurzeln geben uns Kraft und Nahrung. Sie halten uns fest, so dass wir beginnen können, in die Höhe zu wachsen. Unsere Beine und der Rumpf werden zum Baumstamm, Kopf und Arme werden zu Ästen und Blättern. Unsere Blätter tanzen leise im Wind. Wir schieben uns weiter in Richtung Himmel. Es ist, als ob wir unser Wachstum wie im Zeitraffer erleben. Dabei spüren wir die schönen Augenblicke des Lebens ebenso wie dessen Stürme. Zum Glück halten uns die Wurzeln fest verankert in der Erde.

Das Vertrauen in unsere Stärke wird größer. Wir geben Anspannungen, Schmerzen und Probleme durch die Wurzeln hindurch an die Erde ab. So fühlen wir uns leichter, ruhiger und entspannter.

Es tut gut, mit den Elementen der Natur verbunden zu sein. Über unsere Wurzeln können wir mit allen Bäumen und Lebewesen des Waldes in Verbindung treten. Sie lassen uns teilhaben an ihrer Weisheit und Stärke. Vielleicht bekommen wir Hinweise, wie wir noch offene Fragestellungen klären können. Es ist schön, sich als Bestandteil der Natur zu erleben.

Wir wollen nun zurückkehren in die gegenwärtige Welt. Mit großer Dankbarkeit spüren wir die Rückverwandlung zu unserer ursprünglichen Gestalt. Die Stärke und Weisheit der Natur begleitet uns aber weiterhin.

Wir beginnen mit der Aktivierung unserer Arme und Beine und atmen mehrmals kräftig ein und aus. So sind wir gut gerüstet für die weiteren Anforderungen des Tages.

Ein Besuch in der Farbensauna

Wir machen es uns auf unserer Unterlage bequem, lockern unsere Muskeln und stellen uns vor, wie eine sanfte Wärme unseren Körper durchströmt. Schnell fühlen sich Arme und Beine etwas lockerer an und auch unsere Rückenmuskulatur entspannt sich.

Damit sich auch der Geist entspannt, wollen wir eine Farbensauna besuchen. Dort können wir uns unter dem Einfluss der passenden Farben erholen und wieder neue Kraft gewinnen.

Wir stellen uns eine großzügige Saunakabine vor, die genau die richtige Temperatur für uns hat, nicht zu heiß, sondern mit der Wärme eines angenehmen Sommertages.

Wir legen uns auf eine der Holzbänke und bedienen den Lichtschalter. Sofort erstrahlt der Raum genau in der Farbe, die uns im Augenblick guttut. Ihre besondere Schwingung hüllt uns ein und passt sich ganz automatisch immer wieder an unsere Gemütslage an.

Über die Haut nehmen wir diese besondere Energie in unseren Körper auf. Selbst in den Händen und Füßen registrieren wir eine Veränderung. Sie fühlen sich angenehm warm und locker an.

Allmählich lösen sich auch unsere inneren Spannungen auf. Wir spüren, dass wir ruhiger und gelassener werden. Die Farbenergie durchdringt unseren ganzen Körper und hilft uns dabei, natürlich zu regenerieren und wieder neue Tatkraft aufzubauen.

Unser Körper fühlt sich schon angenehm schwer und entspannt an. Auch unser Geist, der sonst so beschäftigt ist, beruhigt sich mehr und mehr. Der permanente Gedankenstrom verlangsamt sich weiter und kommt vielleicht sogar ganz zum Stillstand. Wir genießen diesen Zustand der Zeitlosigkeit und der inneren Freiheit.

Gegen Ende unserer Sitzung spüren wir, dass sich unsere Energiespeicher aufgefüllt haben. Nun verändern wir die Farbe der Kabine und wählen ein energiereiches Licht. Sofort spüren wir die Belebung der Muskulatur und des Geistes. Derart erfrischt sind wir bereit, in die Wirklichkeit zurückzukehren.

Um unseren Körper dabei zu unterstützen, wechseln wir das Licht auf Tageshelligkeit und beginnen mit der Aktivierung unserer Muskeln. Wir bewegen Arme und Beine und strecken uns ausgiebig. Nach einem kräftigen Atemzug sind wir bereit, uns wieder unserem Alltag zu stellen.

In der Wellness-Oase

Heute besuchen wir unser Lieblings-Spa. Um dorthin zu gelangen, legen wir uns entspannt auf unserer Unterlage und atmen bewusst für zwei bis drei Minuten ein und aus.

Wir stehen vor dem Eingang unserer Wellness-Oase. Die Tür öffnet sich und wir betreten den schön gestalteten Eingangsbereich. Es ist schon alles für uns vorbereitet. Angenehme, gedämpfte Farben dominieren den Raum und im Hintergrund läuft leise beruhigende Musik. Sofort fühlen wir uns besser. Heute möchten wir unseren Hals- und Nackenbereich massieren lassen.

Auf der Liege erwartet uns ein großes, weiches Handtuch und wir legen uns auf den Bauch. Unser Masseur oder unsere Masseurin tritt mit herrlich duftenden Händen hinzu und beginnt mit der Massage. Mit sanften Strichen werden unsere Nackenmuskeln vorbereitet. Immer wieder streichen die Hände vom Kopf weg hin zu unseren Schultern und zu unserem Rücken. Unsere Muskulatur wird stärker durchblutet. Sorgen und Nöte werden einfach abgestreift.

Nach dieser Einstimmung kümmert sich der Therapeut oder die Therapeutin um die tiefer sitzenden Verspannungen. Mit kreisenden und klopfenden Bewegungen spürt er oder sie unsere Problemfelder auf und beginnt, diese zu lockern. Selbst hartnäckige Verkrampfungen geben nach und lösen sich auf.

Die Suche nach tiefer liegenden Verhärtungen ist sehr erfolgreich. Alle Störfelder werden erst aufgespürt und anschließend beseitigt. Die kräftigen Massagegriffe lockern und entspannen unseren Nacken- und Schulterbereich nachhaltig. Der positive Effekt ist deutlich spürbar. Wir fühlen uns viel besser. Auch unser Geist kommt bei dieser Behandlung zur Ruhe. Der Strom unserer Gedanken nimmt immer mehr ab.

Der Duft des Massageöls lässt uns von Sonne und Urlaub träumen. Unser Atem geht ruhig und gleichmäßig. Wir haben viel Zeit für unsere angenehmen Gedanken. Wir fühlen uns warm, ruhig und entspannt.

Die Zeit der Massage geht zu Ende. Wir spüren, wie die massierenden Hände unsere Muskeln ausstreichen, vom Nacken, den Schultern und den Schulterblättern in Richtung des unteren Rückens. Angenehm entspannt sind wir nun bereit, in den Alltag zurückzukehren.

Wir aktivieren unseren Körper wieder durch Bewegung und kraftvolle Atmung. Sobald wir bereit sind, setzen wir uns auf und freuen uns über die gute Entspannung.

Anfang und Ende

Vorschläge zur Hinführung

Jede Entspannungsgeschichte beginnt mit ein paar einleitenden Sätzen, um die Gruppenmitglieder und auch Sie als Leiter auf die Übung einzustimmen. In diesem Kapitel habe ich weitere Möglichkeiten zusammengestellt, wie Sie Ihre Fantasiereisen beginnen können.

Hinführung – Vorschlag 1

Wir suchen uns jetzt eine angenehme Lage, in der wir für eine Weile gut entspannen können. Wer in Rückenlage auf der Matte liegt, testet, welche Beinhaltung angenehmer ist: angestellte Beine (dann ist der Lendenwirbelbereich gut entspannt) oder ausgestreckte Beine, wobei die Füße leicht nach außen sinken.

Wir nehmen unsere Bedürfnisse wahr und richten unseren Körper danach aus. Die Arme liegen ganz entspannt seitlich neben dem Körper. Wir spüren, wie sich unsere Schultern mit der Atmung leicht heben und senken. Mit jeder Ausatmung sinken die Schultern tiefer auf die Matte.

Die Geräusche des Alltags treten in den Hintergrund und wir lassen unseren Gedanken freien Lauf. Jeden neuen Einfall heißen wir willkommen. Doch wir halten ihn nicht fest, sondern lassen ihn weiterziehen, so wie auch die Wolken am Himmel vorüberziehen.

Hinführung – Vorschlag 2

Wir beginnen jetzt mit unserer Entspannungsübung.

Wir ziehen uns etwas über, damit der Körper in der Ruhephase nicht auskühlt. Danach legen wir uns entspannt auf unsere Matte. Wir wählen die Haltung aus, in der wir die Muskeln locker lassen können und die Atmung ungehindert fließt.

Aufmerksam beobachten wir, wie sich dabei Brust und Bauchdecke sanft heben und senken. Wir spüren, wie die Luft durch die Nase einströmt und durch die Luftröhre bis in die Lungen gelangt.

Nach einer kurzen Pause beginnt die Phase des Ausatmens. Die nun angewärmte Luft entweicht aus Mund und Nase. Bauchdecke und Brustkorb senken sich wieder sanft ab. Ist die Ausatmung beendet, entsteht wieder ein kurzes Innehalten, bevor die Einatmung von neuem einsetzt.

Hinführung – Vorschlag 3

Wir suchen uns jetzt eine bequeme Haltung auf einer Sitzgelegenheit oder auf dem Boden. Im Anschluss überprüfen wir, ob Kopf, Nacken, Rücken, Arme und Beine gut von der Unterlage gestützt werden. Die angespannten Muskeln werden bewusst gelockert.

Wenn wir die für uns angenehmste Position gefunden haben, lenken wir unsere Aufmerksamkeit nach innen. Das geht recht einfach, indem wir uns auf unseren Atemfluss konzentrieren.

Wir nehmen wahr, wie die Luft in unseren Körper ein- und ausströmt. In ruhigen, gleichmäßigen Zügen heben und senken sich Brustkorb und Bauchdecke. Wir atmen ruhig ein und aus und mit jedem Atemzug sinken wir etwas tiefer in die Entspannung.

Hinführung – Vorschlag 4

Wir legen uns auf den Rücken, nehmen eine bequeme Haltung ein und konzentrieren uns auf das Ein- und Ausströmen des Atems. Wir atmen dabei durch die Nase ein und durch Mund oder Nase – so wie es für uns angenehmer ist – wieder aus.

Jetzt legen wir unsere linke Hand locker auf den Bauch, so dass sie zwischen unterem Rippenbogen und Bauchnabel zu liegen kommt. Wir verfolgen nun den Weg unseres Atems bis in den Bauchraum und wieder zurück. Es geht nur darum, den Atem zu spüren. Er soll dabei nicht verändert werden.

Wir konzentrieren uns ganz auf die Atembewegungen und die strömende Luft. Mit der Einatmung nehmen wir Sauerstoff auf, mit der Ausatmung geben wir die verbrauchte Luft wieder ab.

Mit dem Einatmen kommen Energie, Ruhe und Ausgeglichenheit. Mit dem Ausatmen trennen wir uns von allem, was uns stört. So wie ein Ballonfahrer Ballast abwirft und höher steigt, so befreien wir uns von Ärger, Stress, Angst, Wut oder Schmerzen.

Wir spüren, dass unser Körper allmählich immer leichter wird.

Hinführung — Vorschlag 5

Wir machen es uns jetzt gemütlich und lenken unsere Aufmerksamkeit nach innen. Wer möchte, schließt dazu die Augen. Nach zwei bis drei bewussten Atemzügen lassen wir immer mehr los und tauchen ein in eine Welt der Entspannung.

Vorschläge zur Rückführung

Jede Entspannungsübung endet mit einer Rückführungsphase, in der die Teilnehmenden aus der Entspannung zurück in die Alltagsaktivität geführt werden. Dies ist wichtig, um wieder klar und fokussiert zu sein. Unsere Stimme kann diesen Vorgang sehr gut unterstützen, indem die abschließenden Sätze lebhafter und kraftvoller gesprochen werden.

Sollten die Teilnehmer allerdings die Möglichkeit haben, einschlafen zu können, dann entfällt diese Phase.

Auch zur Rückführung möchte ich Ihnen weitere Abschlusssätze anbieten, die Sie jederzeit an Ihre Entspannungsgeschichten und Ruhebilder anschließen können. Erspüren Sie dabei die Stimmung in der Gruppe, um die Rückführung so angenehm wie möglich zu gestalten.

Berücksichtigen Sie, dass manche Menschen auf schnelle Lageveränderungen mit Schwindel reagieren. Wenn sie aus der Liegeposition zunächst in die Sitzhaltung wechseln und anschließend aufstehen, hat der Kreislauf genügend Zeit, sich darauf einzustellen.

Rückführung – Vorschlag 1

Langsam wird es Zeit, wieder in unseren Alltag zurückzukehren.

Wir beenden unsere Entspannungsübung und lenken unsere Aufmerksamkeit wieder zurück in unseren Übungsraum. Wir nehmen die Geräusche wahr. Und wir spüren nach, wie sich unser Körper jetzt anfühlt.

Wir machen ein paar kräftige Atemzüge und beginnen, Arme und Beine zu bewegen und den Rücken zu strecken. Mit dem nächsten kräftigen Atemzug kommen wir in die Sitzposition, in der wir noch einen Augenblick verweilen.

Rückführung – Vorschlag 2

Nun beenden wir unsere Entspannungsübung (Fantasiereise, Atemübung) und wandern mit unseren Gedanken wieder zurück in diesen Raum.

Um uns zu aktivieren, bewegen wir Hände und Füße, beugen und strecken Arme und Beine und dehnen unseren gesamten Körper. Wir setzen uns auf und sind wieder ganz im Hier und Jetzt angekommen.

Rückführung – Vorschlag 3

Wir fühlen uns nun angenehm erholt und gestärkt und verabschieden uns von … (Name, Situation, Ort usw.). Um uns wieder voll und ganz in der Gegenwart zu verankern, beginnen wir mit der Mobilisation unseres Körpers. Wir bewegen Arme und Beine so, wie es uns im Moment gut tut.

Wir gehen dazu über, unseren Rücken zu dehnen und zu bewegen. Anschließend setzen wir uns auf und spüren den angenehmen Empfindungen aus unserer Übung nach.

Rückführung – Vorschlag 4

Nachdem unsere Energiereserven wieder aufgefüllt sind, kehren wir mit unseren Gedanken langsam wieder in unseren Gruppenraum zurück.

Wir beginnen, Hände und Füße zu bewegen. Dann beugen und strecken wir unsere Arme und Beine, dehnen unseren Körper und öffnen die Augen. Wir kommen langsam in die Sitzposition und nehmen die Umgebung um uns herum wieder bewusst wahr.

Rückführung — Vorschlag 5

Unser Kurzurlaub neigt sich seinem Ende zu. Wir lassen nochmals alle entspannenden Details vor unserem inneren Auge vorüberziehen. Nun wenden wir uns wieder der Gegenwart zu. Wir registrieren die Alltagsgeräusche und spüren unsere entspannten Muskeln.

Zur Aktivierung bewegen wir jetzt Arme und Beine, dehnen unseren Rücken und atmen mehrmals kräftig ein und aus. Ausgeruht und erfrischt sind wir nun bereit für den weiteren Tag.

Dank

Mein Dank gilt allen, die mich bei diesem Buch tatkräftig unterstützt haben: Meinem Herausgeber Bernd Brümmer, meinem Ehemann Michael Ehret und natürlich allen Teilnehmerinnen und Teilnehmern in meinen Sportgruppen, die sich auf die Entspannung mit Fantasiereisen eingelassen haben und deren wirkungsvolle Kraft spüren konnten.

Ihnen, liebe Leserin und lieber Leser, wünsche ich viel Freude und viele gute Erfahrungen, wenn Sie die Fantasiereisen in der Praxis einsetzen. Ich bedanke mich schon an dieser Stelle herzlich dafür, wenn Sie „Entspannt in fünf Minuten" weiterempfehlen.

Jutta Ehret